幸せなお金持ちになるための

FX
ストレスフリートレード術

ついてる仙人 [著]

アールズ出版

☆はじめに☆

　運とツキのある人生のために。

　私は「運がいい」とか「ついてる」という言葉が大好きです。
　実際に運に恵まれ、ツキのある人生を過ごしています。
　大学3年の時にはバイクで大事故を起こしましたが、背負っていたデイバッグのおかげで脊髄の損傷を免れました。その後も車が廃車になるほどの大事故を起こしたことがありますが、無傷でした。
　事故を起こしたから運が悪いと考える人もいますが、私はそれだけの事故を起こしたにもかかわらず、こうして生きているということはすごく運がいいと思っています。
　また、今から9年前には悪性リンパ腫のステージ4の告知を受けています。当時の主治医からは余命半年だと言われました。しかし、10年経った今も元気で生きていて、最愛のパートナーと共に笑顔で楽しい人生を過ごしています。
　まるで神様が、まだやり残していることがあるのだから死んではいけないと言っているように感じます。
　そのやり残していることとは、幸せなお金持ちになる方法を多くの人に伝えることなのかもしれません。
　この本では、幸せなお金持ちになるためのエッセンスを凝縮させました。
　FXの本なのですが、FXのことばかりが載っているのではなく、幸せな人生を送る方法や、幸せなお金持ちになる方法、考え方も書いています。
　この本を読んだあなたに、ひとつでも幸せな生き方をするための参考になったと感じていただけることが私の喜びです。
　私と一緒に幸せなお金持ちへの旅へ出かけてみませんか。
　まずは深呼吸をして幸せなお金持ちへの最初の扉を開いてくださいね。
　本書を読み終えた時のあなたの笑顔を思い浮かべながらスタートさせていただきます。

幸せなお金持ちになるための
FXストレスフリートレード術

もくじ

☆はじめに☆

| 第1章 |

FXで儲けて
幸せな人生を送ってもらうために

☆幸せなお金持ちと不幸なお金持ち………14

☆お金の器、幸せの器………19

☆幸せになるお金の使い方………22

☆行動力が幸せなお金持ちにつながる………23

| 第2章 |

9割の負け組トレーダーと
1割の勝ち組トレーダーの違い

☆9割もの人たちが負ける理由とは………26

☆人間は、本来FXでは勝てないようにできている………27

☆なぜFXから退場してしまうのか………28

☆専業トレーダーと兼業トレーダー、第3の○○トレーダー………30

☆損をするトレーダーの特徴………32

☆儲かるトレーダーと損するトレーダー………34

☆広告を鵜呑みにするとどうなるか………37

☆あなたは損をするトレーダーか、損失を受け入れるトレーダーか………39

☆損失を受け入れるトレーダーの特徴………41

☆勝てるトレーダーは、自分の得意な手法をたんたんと繰り返す………42

| 第3章 |

FXで利益を得る一番の近道

☆あなたは、なぜFXをするのか………46

☆魅力溢れる外国為替証拠金取引（FX取引）………47

☆レバレッジが効く上に、さらに流動性の高いFX………48

☆効率の良いお金の稼ぎ方とは?………50

☆FXで儲けるのはカンタンな理由………53

☆価格の値動きだけで儲けることができる………58

☆トレードで生き残っていく方法………61

☆利益になる動きを明確にする………63

☆逆張りが難しい最大の理由………66

☆リスクが小さくリターンが大きい、しかも勝率が高い局面はこれだ………70

| 第4章 |

ストレスフリートレードを身につけよう

☆デイトレなら、マルチタイムチャートでの売買がストレスフリーだ………74

☆簡単な場面だけ儲ければいい………75

☆「いい加減に適当に」戦わずして勝つ………76

☆リスクリワードレシオを調べてみよう………79

☆リスクを取ることの重要性………82

☆ロスカットができると勝ちが見えてくる………85

☆利益よりもロスカットを先に考えて仕掛けをする………91

☆お金の大切さについて………93

☆人はアンカリングの罠にハマる………96

☆がっちりトレンドに乗るためには………99

☆自分に合った時間軸を見つけよう………101

☆どの程度の頻度で為替価格をチェックできるか………102

☆ストレスを感じない時間軸の見つけ方………103

☆ノスタルジー・バイアス………106

☆FXで勝つのはファンダメンタルかテクニカルか?………107

| 第5章 |

FXで一番有効なテクニカル指標は?

☆為替価格の波動(風向き)を知ることから始める………110

☆チャートを見る重要な順番………112

☆ズバリ、一番重要な指標とは………114

☆トレンドは指標ではなく、為替価格の動きで特定する………116

☆為替価格は75日移動平均線を基本に動いている………118

☆長所伸展の法則………121

- ☆テクニカルは移動平均線に始まって、移動平均線に終わる………123
- ☆移動平均線はどうなると上向き（下向き）になる?………125
- ☆チャートの設定例………131
- ☆為替価格の高値安値を使用するトレンド判断の方法………133
- ☆為替価格の高値・安値の判断方法………136
- ☆トレンド転換の考え方………138
- ☆全体の80％を占めるトレンドレス………142

| 第6章 |

利益を上げ続けるための利食い・ロスカット術

- ☆利食いと損切り………144
- ☆やっぱり利食いは難しい………148
- ☆分割売買をしよう………150
- ☆玉操作が重要、テクニカルはいい加減………155
- ☆エントリー単位数を変える理由………158
- ☆ファールで逃げるメリット………163
- ☆建玉の保有時間………165
- ☆分割売買でも利益目標を決める………168
- ☆利益を積み上げるためのストップの種類………172
- ☆なぜ、ロスカットができないのか?………178
- ☆さらにロスカットについて考える………180

☆マネーマネージメントについて………183

☆もっとマネーマネージメントについて考える………186

| 第7章 |

FX絵日記・感情のFX日誌をつけよう

☆そうだ、FX絵日記をつけよう………192

☆FX絵日記の書き方………193

☆感情のFX日誌をつけよう………201

☆感情のFX日誌記入例………203

☆得意なパターンと苦手なパターンを見つけよう………206

| 第8章 |

シナリオトレードのすすめ

☆シナリオを考えよう………210

☆シナリオと違う動きになった場合はどうするか………214

☆シナリオ作成とエントリー・イグジット………218

◎2015年1月6日ドル円シナリオ作成例

◎2015年1月6日　売買例

◎2015年1月7日ドル円シナリオ作成例

◎2015年1月7日　売買例

◎2015年1月8日ドル円シナリオ作成例

◎2015年1月8日　売買例

☆個人トレーダーは「様子見」という行動が選択できる………235

☆これで勝てるようになる仮想売買のやり方………238

☆カウンターアタックインパルスシステム………243

☆壁にあたった時は………248

☆人生ゲーム………250

☆おわりに☆

第1章

FXで儲けて
幸せな人生を送ってもらうために

☆幸せなお金持ちと不幸なお金持ち

　この本はFXの本なのですが、最初にお話することはFXの話ではありません。なぜかというと、これを知らなければFXで儲けることができても幸せな人生を送ることができないからです。
　いくらお金があっても不幸な人生ではつまらないですよね。みなさんにはFXで儲けて幸せなお金持ちの人生を過ごしていただきたいと思います。
　私は人生も相場も同じようなものだと思っています。人生がうまくいかない人は相場もうまくいきません。人生を楽しめない人は、相場も楽しむことができないと思っています。「どうせなら人生も楽しんで相場も楽しみたいな」。私はいつもそんなふうに思っています。
　世の中には2種類の人がいます。勝者と敗者、成功する人と失敗する人、気の強い人気の弱い人。いろいろな分け方ができると思います。
　ここでは次のような分け方をしてみます。
　図1をご覧ください。

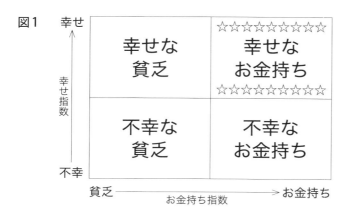

図1

　縦軸が幸せ指数です。上に行くと幸せになります。
　横軸がお金持ち指数です。右に行くとお金持ちになります。

この2つを組み合わせると4種類の人に分類されます。
　左上は「幸せな貧乏」、左下は「不幸な貧乏」、右下は「不幸なお金持ち」、右上は「幸せなお金持ち」。
　あなたは、この4つのうちどの人になりたいですか。
　多くの方が右上の幸せなお金持ちになりたいと思っているでしょう。お金持ちにはなれなくても、幸せにはなりたいと考えている人もいるかもしれません。
　この本を読んでいるということはお金持ちになりたいのですよね。そして、いつも幸せになりたい、幸せに過ごしたいと思っているのではないでしょうか。
　でも、中には勘違いしている人がいます。勘違いというのは「幸せ」についてなんですが、「幸せなお金持ち」になりたいと言いながら不幸になる行動をとる人が結構多いのです。
　そのような人たちは仕事でも、「嫌な上司がいるから俺は出世できないんだ」などと言います。
　自営業者の方の場合、「またクレーム言う客が来た。店に来る客はクレームばっかりだ。クレーム言う客が来るから売上が上がらないんだ」などと言います。
　不平不満、悪口ばかり言う人です。

　ここで、もうひとつの分け方をしてみましょう。
　図2をご覧ください。

図2

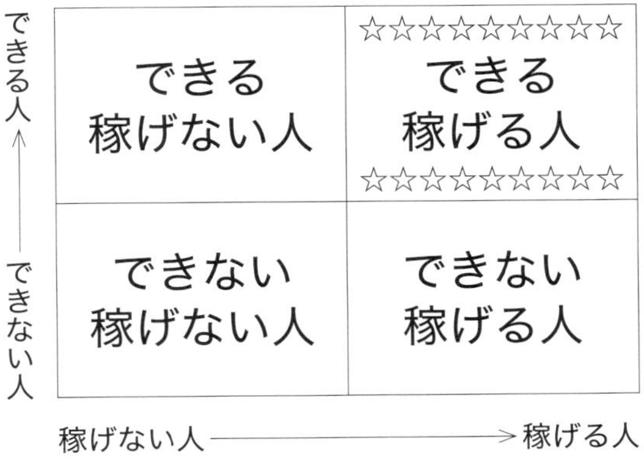

	稼げない人	稼げる人
できる人	できる 稼げない人	☆☆☆☆☆☆☆☆☆ できる 稼げる人 ☆☆☆☆☆☆☆☆☆
できない人	できない 稼げない人	できない 稼げる人

稼げない人 ──────→ 稼げる人

縦軸はできる人とできない人です。横軸は稼げない人と稼げる人です。

こちらも4つに分類することができます。ここで言うできるとは、仕事ができるという意味です。左上は、仕事はできるけど稼げない人。左下は仕事ができなくて稼げない人。右下は、仕事はできないけれど稼げる人。右上は仕事もできて稼ぐこともできる人です。

ここで先ほどと同じようにどの人になりたいかと聞けば、多くの人は右上の「できる稼げる人」になりたいと答えるでしょう。

この「仕事ができて稼げる人」。これを幸せなお金持ちだと勘違いしている人が結構いるのです。仕事ができて稼げても幸せとは限りません。

仕事ができても、

「仕事ってつまんないな。生活のためだからしょうがねえな」

こうやって仕事をしている人は幸せなお金持ちではありません。不幸なお金持ちなのです。

「つまらない」とか「嫌だ・辛い」と言いながら仕事をしていて、幸せなはずはありませんね。

不平不満を言っているのですから不幸なんです。

図3をご覧ください。

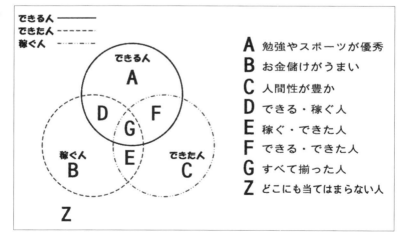

図3

できる人 ———
できた人 - - - - -
稼ぐ人 - · - · -

A 勉強やスポーツが優秀
B お金儲けがうまい
C 人間性が豊か
D できる・稼ぐ人
E 稼ぐ・できた人
F できる・できた人
G すべて揃った人
Z どこにも当てはまらない人

実線の輪の中に入るのはできる人、点線の輪の中に入るのは稼ぐ人、トリプル点線の中に入るのはできた人、です。
　Aは学生で言えば、勉強やスポーツが得意で優秀な人。社会人で言えば、仕事のできる人です。
　Bに当てはまるのは稼ぐ人です。お金儲けのうまい人です。
　Cのできた人とは、思いやりがあるとか人に気を遣うことができるとか、人間的に魅力のある人、つまり人間性豊かな人です。
　Dは仕事ができてさらに稼ぐことができる人です。
　Eは人間性が豊かで稼ぐことのできる人です。
　Fは仕事ができるし、人間性も豊かな人です。つまり、人に慕われて人気もある人です。しかし、稼ぐことができない人です。
　Gは仕事ができて人間性も豊かで、さらに稼ぐことができる人です。
　この図のGに当てはまる人が幸せなお金持ちです。私たちはこのGになることを目指して生きているのだと思います。でも、Gになるのはとても難しいのです。三拍子揃った人なんて滅多にいません。

●幸せなお金持ちを目指す、第一歩

　実は、幸せなお金持ちというのはGだけではないのです。他にも幸せなお金持ちの人がいます。
　幸せな人というのは、人間性豊かな人です。そしてお金持ちはお金を稼ぐことのできる人です。BとCが合わさるEに当てはまる人も幸せなお金持ちなのです。
　そうなるとGは無理でも、まずはEを目指せばいいのですね。人間性豊かになり稼ぐことができるようになればいいのです。
　しかし、Eを目指すには順番があります。人間性を磨くことから始める方法と、稼ぐことができるようにすることから始める方法です。
　どちらの人が幸せなお金持ちになりやすいのでしょうか。
　Bの稼ぐ人から入ると、一生懸命に仕事をします。どうしたらお客さんが喜ぶだろう、どうしたら売上が伸びるだろうと考えます。そして、稼ぐことがで

きるようになります。多くのアイデアを出し実行し、稼ぐことができると仕事ができる人になります。そうなるとEではなく、Dの人になってしまうのです。

　仕事ができて稼ぐこともできるが、人間性は豊かではない人です。この人は幸せではないのですね。つまり、幸せなお金持ちにはなれないかもしれないのです。

　Cのできた人、自分を磨き、幸せな人になることができた後に稼ぐことを覚えていけば、幸せなお金持ちになることができます。Cになることができれば、次はE．F．Gのどれかになれます。

　Fの稼ぐことができなくても、仕事のできる人になったらどうでしょう。仕事ができて幸せを感じられる人です。Fの人の周りには人が集まってきます。人が集まっている人生って幸せな人生なのです。

　人間という字は人の間と書きます。人と人の間で生きている。それが人間です。ですから、人が周りにいる。それが幸せなのです。ここに当てはまる場合でも幸せな人生を送ることができます。もし、稼ぐことができなくても、幸せな人生を送ることができるのです。不幸なお金持ちになるよりも幸せな人生を送ったほうが人生は楽しいのではないでしょうか。

　でも、Fですとお金持ちではないのです。

　私たちは幸せなお金持ちを目指しているのです。ですから、幸せなお金持ちを目指すのであれば、まず人間性を高めることから始めてほしいのです。まずはCのできた人になり、トレードの勉強を一生懸命にやるのです。そうすると人間性も豊かで稼ぐことのできるEの幸せなお金持ちになれるのです。

　もし、Dになった場合を考えてみてください。この人の周りには、仕事ができるので人が集まってきます。しかし、集まってきた人たちというのは仕事上のメリットがあるから集まった人たちです。仕事上のメリットがなくなれば人が離れていきます。Eの人は人間性が豊かなので人が離れません。稼ぐことができなくなっても人に囲まれて幸せな人生を送ることができます。

　ですから、幸せなお金持ちになるためには人間性を高めることから始めていただきたいのです。

　ぜひ、一緒に幸せなお金持ちになりましょう。

☆お金の器、幸せの器

　ついてる仙人さんは、毎月もっともっと多くのお金を儲けたいと思っているのですか？
　このような質問をいただいたことがあります。
　私たちがトレードをするのは儲けるためですよね。趣味でトレードをしているわけではありません。儲けるためにやっているのですから、「もっと、もっと」と思う気持ちはすごくよくわかります。多ければ多いほど嬉しくなる気持ちもよくわかります。しかし私は、もっともっと多くのお金を儲けたいとは思っていないのです。今の収入のままでよいと思っています。
　人間には器というものがあると思うのです。茶碗にお茶を注ぎ続ければ当然溢れますよね。それと同じようにお金にも器というものがあるのです。
　自分の器以上のお金が入ると溢れてしまいます。お茶が溢れると溢れたお茶で火傷をします。
　お金も同じように自分の器から溢れると火傷をしてしまうのです。
　宝くじで1億円以上の当選をした人の半分以上が散財して当選金すべてを失ってしまうというデータがあります。
　事業で大当たりした会社も同じような状況になることが多くあります。突然入ってきたお金をどのように使っていいのかわからなくなり、自社ビルを建てたり人をたくさん雇ったりするのです。そしてしばらくすると、今まで売れていた商品は売れなくなり経費だけが莫大になり倒産という結果を招きます。
　これらは「自分の器の大きさ」を考えなかったから起きることだと思います。

●自分のお金の器の大きさを知る

　では、自分の器の大きさはどのくらいなのでしょうか。
　それを知る方法がなければ、今の収入が器にあったものなのかどうかもわかりませんね。
　ここでは、自分のお金の器がどの程度なのか調べてみることにしましょう。

あなたの今の収入が増えていくところをイメージしてください。仮に今の収入が毎月50万円だとしましょう。来月からは毎月100万円の収入が得られるとイメージしてください。どんな気持ちになりますか？
　ほとんどの方が嬉しいという感覚を得るのではないでしょうか。毎月あれができる、これもできるとすぐに思いつくでしょう。
　では、毎月の収入が10倍の500万円になったらどうでしょう？
　ちょっと違う感覚になる方もいらっしゃるのではないでしょうか。もちろん嬉しいと感じるのですが、どのように使えばいいのか困ってしまうという人もいるかもしれませんね。
　では、毎月1億円が入ってくるとしたらどうでしょう？
　どのように使えばいいのかわからなくなる方が多いのではないでしょうか。

- 好きな車を買う。
- トレードで使う金額を大きくする。
- 毎月海外旅行をする。
- ブランド品を買う。

などいろいろと考えるかもしれませんね。
　しかし、毎月車を買うわけにもいかないでしょう。
　トレードに使うお金を大きくすればストレスが大きくなるかもしれません。
　毎月海外旅行に行くのも現実的ではないかもしれません。
　ブランド品だって同じことでしょう。
　上記のようなことを続けて毎月1億円とうまく付き合っていると感じるでしょうか。お金を守るためにはどうすればいいのかも考えなければなりません。ガードマンを雇う必要が出てくるかもしれません。友達との付き合いが変わるかもしれません。友達自体が変わってしまうかもしれません。
　自分に合った器のお金とは、自分がうまく付き合っていけると感じる金額です。ストレスを感じることなく楽しいと感じることのできる金額です。
　ということは、器を大きくすれば毎月入ってくる金額が大きくなっても対処できるということですよね。
　器を大きくしたい、器を大きくする方法を知りたいと思うのではないでしょ

うか。

　しかし、いたずらに大きくしても幸せにはなれません。お金の器を大きくする前に、幸せに生きるということを考え実践していったほうが楽しい人生を過ごすことができるでしょう。

　幸せに生きて楽しく生きると自然とお金の器も大きくなってくるのです。

　無理をしてお金の器だけを大きくすることを考えないでくださいね。

●幸せの器

　幸せにも器があります。

　私たちの身体の中には幸せの器があります。その器の大きさはどんな人でも同じ大きさです。

　その大きさはコップくらいのようです。ちょっと小さいと感じるかもしれませんね。

　コップ1杯だとすぐにいっぱいになって幸せが溢れてしまいそうですね。

　幸せを感じ続けると幸せはそのコップから溢れ出ていきます。それをもったいないと思って拾い集め、自分だけが幸せになろうとすると両手がふさがり持ちきれなくなります。それ以上の幸せにはなることができません。

　そうなってしまうと自分だけが幸せで周りは不幸になります。一人だけで幸せを感じていても人間の心は満たされないのです。心を満たすためには、溢れ落ちた幸せを周りの人に分けてあげればいいのです。幸せを人に分けることによって周りの人のコップもいっぱいになり幸せが溢れるようになります。

　これを続けていくと自分の周りの幸せが限りなく増えていくのです。

　ひとりひとりの幸せのコップの大きさは決まっていますが、多くの人のコップがいっぱいになると自分の周りの幸せは増え続けるのです。

　幸せのおすそ分けを続けていくと、どんどん幸せは増えていきます。

　みんなで幸せのおすそ分けをしていけば、この世は天国になるのではないでしょうか。

　この本を読んでいるみなさんの幸せの器が幸せでいっぱいになりますように。

☆幸せになるお金の使い方

　月収100万円だったら、あなたはどんなお金の使い方をしますか。
　人にはお金を使うルールというのがあるのです。
　普段の生活の中での買い物でもそのルールに則って買い物をしているのですね。例えば、甘いものが食べたくなった時、どこで何を買うでしょう。
　今のコンビニには多くの甘くて美味しいデザートが並んでいます。アイスがあったりケーキがあったりと種類もたくさんあり、価格も安いものからそれなりに高いものまで揃っています。ここで甘いものを買う時に、必ず自分のお金のルールに則りどれを買うのかを選んでいるはずなのです。
　「いつも300円以上する高級アイスを買う人」「1本60円のガリガリ君を買うという人」「120円のシュークリームを買うという人」もいるでしょう。
　ビールを買う時も同じですね。「いつもビールを買う人」「発泡酒だけを買う人」「第三のビールを買う人」。ここでも自分のお金のルールによってどれを買うのかを選んでいるはずです。
　このルールは子供のころから、自分の両親に教えられたものかもしれません。今までの人生の中で自然と身についたものかもしれません。お金がないのに周りによく見られたいからと見栄を張っている自分がいるのかもしれません。
　お金があるからといって、高いものだけを買うことが幸せではありません。お金があるのに、一番安いものだけを買って、お金を貯めていくことが幸せでもありません。
　買い物をする時には、今のルールが自分にとって本当に幸せなものなのか考え直してみるのもいいと思います。もし、今の自分と今のお金の使い方が合わなくなっていたらちょっと変えてみるのもよいでしょう。お金を使うルールを変えるということだけでも今よりも人生が楽しくなってくることもありますから。
　そして不思議なことに、このお金を使うルールをどのように設定するのかによって、自分の経済状態も変わってくるのです。月収100万円を目指すことも大切ですが、幸せなお金の使い方考えてみてくださいね。

☆行動力が幸せなお金持ちにつながる

　いきなりですが、あなたには行動力があるでしょうか？
　行動力があると答えた人はお金持ちになる素質のある人です。
　行動力がないと答えた人はちょっとお金持ちになるには時間のかかる人かもしれません。
　お金持ちの人、成功する人というのは行動がとても早いのです。
　自分にとって必要だと思ったことは本当にすぐやるのです。思い立ったら吉日とばかりにすぐ行動に移します。
　普通の人というのは必要性を感じてはいるものの、何かしら理由をつけて行動するのを先延ばしにしてしまい、いつまでたっても行動に移しません。

この差が人生において大きな違いになってくるのです。

　成功していない人、お金持ちにはまだなっていない人でもお金に関する知識をかなり持っている人はいます。
　お金に関する本を何十冊も読みお金を貯める方法を知っているのですね。
　しかし、実際にそのとおりの行動をしているのかを尋ねると何もしていないという人が多いのです。
　お金を貯めるためには早く始めれば早いほど有利になるようです。
　「これはいい」と思うことがあればその日からすぐに始めるようにしてみてくださいね。
　すぐに始めないと一生お金持ちになることはできません。
　「会社の付き合いがあるから出費がかさむ」
　「結婚してすぐだからお金がない」
　「子供ができたからお金がかかるので貯められない」
　「子供の学費が大変で貯めることができない」
　「仕事ばかりではストレスがたまるので旅行に行くからお金が貯まらない」

このような理由をつけてはお金を貯めることを始めないのですね。
でもお金を貯めることのできる人は次のように考えます。
「会社の付き合いは若いうちは後輩におごることも少ないのでお金を貯められる」
「結婚してすぐだから子供がいないのでお金を貯められる」
「子供がまだ小さくお金がかからないからお金を貯められる」
「仕事は楽しいからストレスがかからないからストレス発散のためにお金を使うことがないので貯められる」

同じ状況でも考え方が違うのでお金を貯めることができるのです。
プラスの考え方をしている人は行動力もあるようです。
どうせなら楽しい考え方をして幸せなお金持ちになりたいものですね。

第2章

9割の負け組トレーダーと
1割の勝ち組トレーダーの違い

☆9割もの人たちが負ける理由とは

　FXに参加しているトレーダーのうち9割もの人が負ける理由とはなんでしょう？
　為替価格というのは上がるか下がるかの2通りしかないのです。
　売買をする際、常に買い続けていれば、勝率50％になるはずです。それなのに90％の人たちは負けてFXの世界から退場していくのです。
　負ける一番大きな原因は人間の感情にあります。簡単に言うとプレッシャーとストレスです。
　人間というのは、地球上の動物の中で最も非力な生き物なのかもしれません。ライオンのように牙や鋭い爪もなければ、チーターのように速く走れる脚力もありません。小動物のような俊敏さもなければ、犬のような優れた嗅覚や聴覚も持っていません。
　そんな非力な人間が滅亡せずに生態系の中で頂点に君臨していられる理由は、危険な敵から身を守るという優れた危機管理能力を与えられているからです。危険な敵が目に見えなくても、人間は論理的に推理しながら危険を察知できる能力を持っています。
　人間は敵の行動パターンを分析し、計算し、前もって対処することができるのです。他の動物が目の前の危険に反応するのに対して、人間はこれから起こる最悪な未来を予測し、そうならないように努力するという危機管理能力に優れているのです。
　このことはすなわち、マイナス思考を得意とするということなのです。普通の人は自分自身で知らないうちにマイナス思考に陥ります。
　「FXで儲けるんだ」と確信できずに、「失敗したらどうしよう」「損したらどうしよう」と考えてしまうのです。
　人間の脳はすぐに何かの危険を想定し、その情報が脳に送り込まれ、マイナスの感情が生まれるのです。「どうすれば危険を回避できるのか」この考えこそがマイナス思考そのものなのです。

☆人間は、本来FXでは勝てないようにできている

　マイナス思考は自律神経を支配している脳幹に伝わり即座にストレス反応を引き起こします。交感神経が異常に亢進し、極端な場合は手が震えたり、顔が青ざめたり、心臓がドキドキしたりして、息が苦しくなったりします。これをプレッシャーまたはストレスと呼ぶのです。

　トレードで建玉を持ったままベッドに入ったが為替価格の変動が気になってなかなか寝付けないというのも、このマイナス思考によるものなのです。

　このプレッシャーやストレスが生まれている状態では、交感神経が活発になっているためにある種の興奮状態が生まれ、一時的に行動力が増します。そのために含み損を抱え、ロスカットすべき価格になっても興奮して冷静に対処することができないということが起こるのです。

　また、人間は損を受け入れるということが大嫌いですので、含み損を確定しなければ実際の損失にはならないと考え、ロスカットをためらう傾向があるのです。

　買い玉を持った瞬間にドキドキしたり、チャートから目を離せなくなったり、仕事中でも携帯でしょっちゅう為替価格を確認したりするのもこのプレッシャーによるものなのです。

　このような経験をしたことのある人が少なからずいるのではないでしょうか。

　このように人間は、本来FXでは儲けることができないようになっているのです。

　それを打開するためには、安定した気持ちで売買できる自分の手法を見つけなければなりません。

　それが本書でお伝えする「FXストレスフリートレード」なのです。

　ストレスフリートレードは、相場の原理原則をもとに一番プレッシャーやストレスがかからずに行うことのできる売買手法です。本書では相場の原理原則をもとに、あなたが安定した気持ちで売買できる手法を紹介させていただきます。

☆なぜFXから退場してしまうのか

　株式投資をしている人の8割から9割は負けていると言われています。
　FXや先物取引をしている人の9割は負けていると言われています。
　負けている人の大半は相場の世界から退場していきます。
　どうして退場してしまうのでしょうか。
　退場するということは、相場を行うための資金が無くなってしまうということです。なぜ投資資金が無くなってしまうのでしょうか。
　その理由はとても簡単なことなのです。

お金を失うような投資をしているということです。
つまり、大きな損失を出しているということです。

　FXで儲けるためには「損小利大」が必要だと言われています。
　「損小利大」を行うために必要なことは、損を小さくして利益を大きくすることです。読んで字の如しなのですね。しかし、それを実行している人が少ないのです。実行していない人が退場するのです。
　損を小さくするというのは、小さな損失を受け入れるということです。エントリーする前にロスカットする価格を決めておいて、そのロスカット価格になったら確実にロスカットをするということです。これをしないからFXの世界から退場してしまうのです。
　多くの人はロスカットをしなければダメだとわかっていながらロスカットをしないのですね。含み損になっても、我慢すれば自分のエントリー方向に戻るだろうと希望を持ってロスカットせずに元に戻るのを待っているのです。
　多くの人は車の免許をお持ちですよね。そして、車を運転する時にはシートベルトを着用しているはずです。なぜ、シートベルトを着用するのでしょうか。着用しないと違反切符を切られるから？　本当の理由は違いますよね。
　シートベルトは事故があった時に自分の身を守るために着用するのですね。
　シートベルトを着用しないで事故にあえばシートベルトを着用している時よ

りも怪我が大きくなる可能性があります。最悪の場合、死亡してしまうかもしれません。バイクに乗る時はヘルメットを被りますよね。ヘルメットも自分の身を守るために被るのですね。シートベルトをしないで車を運転したり、ヘルメットを被らないでバイクを運転したりしたら自分の生命を脅かす可能性が高くなるのです。

●FXにはシートベルトが必要

　FXにおけるロスカットというのは、このシートベルトやヘルメットと同じ効果があるのです。自分の身を守るため、つまり自分の資金を守るためにロスカットという防護をするのです。安全装置をつけるのです。
　事故というものはあらゆるところで一定の間隔で必ず発生しているのです。
　FXにおける事故も同じです。絶対に起こらないということはあり得ないのです。5シグマ級の変動が必ず起こるのです。
　そしてそれはいつ起こるかは誰にもわからないのですね。
　ですから、安全装置をつけて防護しておく必要があるのです。
　ロスカットとは、私たちの大切な資金を守る防護服なのです。
　FXに参加するためにはお金が必要です。しかし、FXは私たちのお金にとって安全な場所ではないのです。
　それがいかに強いトレンドの相場であっても安全ではないのです。
　ロスカット価格のことをストップ価格とも言いますね。
　このストップの意味は次のようなことです。
　「ストップ注文」とは保有する通貨が、自分の指定した価格に下がったら売るようにする注文のことです。この注文がストップと呼ばれるのは、自分のポジションに関してそれ以上の損失をストップさせるからです。
　ストップがかからなければ、どこまでも損失が大きくなるのです。
　そして資金が無くなり、FXの世界からの退場という事実が待っているのです。
　エントリーする前には必ずロスカット価格を設定してくださいね。
　そして、そのロスカット価格は必ず守ることです。最初に決めたロスカット価格を守るのです。絶対にロスカット価格をズラさないでください。

☆専業トレーダーと兼業トレーダー、
　第3の〇〇トレーダー

　FXを行うと、ストレスがかかります。これは例外なく全員にストレスがかかります。
　ストレスのかかり方は人によって違いがあります。非常に大きなストレスがかかる人もいれば、ほとんどストレスを感じない人もいます。大きなストレスがかかったままトレードを続けていくと精神的にも肉体的にも疲れてしまい、何十年もトレードを続けていくことはできません。
　この本を読んでいるあなたはFXで儲けて、うまくいけばFXの利益で生活をしたいと考えているでしょう。
　ということは、FXを職業として考えているということです。
　大きなストレスがかかったまま仕事を続けていると楽しくありません。楽しくないばかりか身体を壊してしまいトレードが続けられなくなる可能性もあります。

　トレーダーには、専業トレーダーと兼業トレーダーがいます。
　専業トレーダーはFXを生業として生活をするトレーダーです。兼業トレーダーは、本業は別に持っていてFXを副業として考えトレードをしているトレーダーです。
　どちらのトレーダーにも共通していることは、FXで利益を上げ続けているということです。仕事としてFXを続けているのですから当然、利益を上げ続けているのですね。
　ここでは専業トレーダーと兼業トレーダーの2つを紹介しましたが、実はもう1種類のトレーダーがいます。

　それは「失業トレーダー」です。

　「失業トレーダー」とは、本業を持ち、副業でFXをしているつもりな

のだけれど利益を上げられずに、本業で稼いだ資金をFXにつぎ込み、ついには投資資金が無くなってしまうトレーダーのことです。

　実は、この「失業トレーダー」がトレーダー全体の大半を占めているのです。FXに参加しているトレーダーは「失業トレーダー」ばかりなのです。

　FXに参加しているトレーダーのうち9割はこの「失業トレーダー」であると言われています。1割の人だけが専業トレーダーまたは副業トレーダーとしてFXを行っているのです。

　FX取引はゼロサムゲームです。負けている9割のトレーダーの損失を、たった1割の勝っているトレーダーたちが分け合っているのです。

　9割の人たちは1割の勝ち組トレーダーのために取引をしているのです。そして、負けているトレーダーたちは資金が底をつくとFXの世界から退場します。その一方で新たなトレーダーがFXの世界へと参入してきます。

　FXに参加する人たちは、このように毎年入れ替わっています。

　負けても残っているトレーダーは、ただFXをギャンブルとして楽しみ、相変わらず負け続けるのです。

☆損をするトレーダーの特徴

　トレードを行っている限り勝率100％はあり得ません。必ず損をする時があるのです。しかし、同じ損をするにしても損の種類が違うトレーダーがいます。つまり、損失を被る場合は2種類のトレーダーがいるということです。
　それは「損をするトレーダー」と「損失を受け入れるトレーダー」です。
　どちらのトレーダーも損をしているということは同じです。両方共に損をしているのですから同じように感じるのですが、内容には大きな違いがあります。この違いが年間を通じた損益の差として表れるのです。
　損をするトレーダーは、損をし続けますが、損失を受け入れるトレーダーは儲け続けるトレーダーになれるのです。

●トレードにおいて感情は敵

　損をするトレーダーの特徴として、トレーディングの最中に「よっしゃー、俺は買っているのだからそのまま上昇し続けろー」とか、「うっそー、そんな動き想定外だよ。やべーな」などとパソコンやスマホに向かって叫び、感情をむき出しにして興奮を楽しんでいる人が多いようです。
　トレードとはお金儲けの場であり、娯楽の場ではないのです。それを娯楽と同様に考えて、はしゃいだり落ち込んだりするから冷静な判断ができなくなるのです。
　トレードに感情を持ち込むことはマイナスであり、プラスになることは非常に少ないのです。
　感情はトレードにおいては敵になることが多いのですね。
　そうは言っても、私たちは機械ではなく生身の人間ですから当然感情があります。嬉しいことがあればはしゃぎたくなるし、嫌なことが起これば落ち込んだりするのは当たり前ですね。
　損をするトレーダーにならないために、トレード中は感情を抑えるようにし、トレードから離れてから自分の感情と向き合うようにしましょう。

「欲望」と「恐怖」は確実にトレーダーを破滅へと導きます。

損失を出して気持ちを取り乱すようなトレーダーは、手術中に血を見ただけで慌てふためく外科医のようなものです。

そんなことでは患者さんを治すことはできませんし、医者を続けることもできません。

トレーダーだって同じです。感情を表に出して取り乱すようなトレーダーは儲けることはできないし、トレーダーを続けることはできないのです。

ただし、感情をむき出しにしてもギャンブラーしてトレードを続けて、私たちに利益を分配してくれることはできるようですが（笑）。

損をするトレーダーは「確実な儲け」や「聖杯」と呼ばれる勝利法を探し求めています。また、感情の趣くままにトレードしたり、自分のポジションに惚れ込んだりして、自分のポジションと逆の方向に為替価格が動いても自分のポジションの方向に動く根拠を探し回り、それを見つけると安心して持っているポジションを放置します。

また、敗者は確率論などを理解しようとはしませんし、勝率やランダム理論などという概念を理解しようとせずに迷信を信じたりします。

☆儲かるトレーダーと損するトレーダー

　儲かるトレーダーと損するトレーダーとの違いは、相場に対する考え方です。
　そして大切なことは、儲かるトレーダーになるには損失を減らして利益を増やすことです。あまりにも当たり前なことなのですが、このことを真剣に考えて実践している人は少数なのです。
　本当に理解できた人だけがFXの世界では勝者となります。
　勝者が1割と言われるFXの世界で勝ち組に入るためには、もっと真剣に「損失を減らして、利益を増やす」ことを考えなければなりません。
　そのためにはまず、**「損失を減らす」**ことから始めてください。
　徹底的に損失を減らすことを考えてみましょう。その上で利益を増やすことに取り組みます。意外なことに多くの人は損失を出すことに寛容です。
　自分のルールにないエントリーをしたり、ロスカットすることをためらったり、本来は利食いする場面なのにさらに大きな利食いをしようと欲張り、結局ロスカットにかかったりします。
　損失を減らすためには、相場の原理原則に沿った売買を徹底して行えばいいだけなのです。複数単位でのエントリーをして、しっかりと分割利食いで利益を積み重ねていくことです（分割利食いは後で出てきます）。
　簡単そうなのですが、これがなかなかできないのですね。
　「損失を減らして、利益を増やす」
　ここで、大事なことは、まず運用するルール作りです。
　エントリーとイグジットの両方で、はっきりとしたルール作りをすることが必要です。

●エントリーは1日1回から2回で十分

　まずはエントリーポイントを真剣に考えることから始めます。
　負ける人のエントリーは自分の気分や感情で行うことが多いようです。エントリーする際の基準やルールというものがないのです。

逆に儲かる人のエントリーには、明確な基準があります。

明確な基準をもとに行ったエントリーは、損失よりも利益になる可能性が高くなります。そして損失になっても大きな損失にはならずに少ない損失ですむのです。

リスクは取らなければいけませんが、大きいリターンが望めるポイントでリスクを取るのです。

小さなリターンしか望めないポイントで大きなリスクを取ってはいけないのです。

負ける人は、勝っている人よりもエントリーする基準が甘いのです。

今までよりもエントリー基準を厳しくすると、1日のトレード数が極端に減ります。1日に何十回ものエントリーはできなくなります。

自分で過剰売買だと思う人、その日のトレードが負けている場合に最後の勝負で損失を取り返そうとする人、逆にエントリーするのを躊躇する人等は、今一度自分の基準を見つめ直し、リスクが最小限になるポイントについて考えてみてください。

エントリーは1日に1回から2回で十分です。

●イグジットで、損失を減らす

エントリーと同様にイグジットも大切です。

イグジットでは、まず損失を減らすことから始めてみましょう。

エントリーをしたのだけれど価格の動きがおかしいと思ったら数pipsの利益や同値でも逃げることをしてみましょう。

そして玉操作や分割売買で極力損失を減らすようにしましょう。

上昇トレンドにおける押し目から反発になったタイミングでエントリーしているのに、1時間たっても2時間経過しても利食いにならないようなら分割で逃げたり、いったん全部返済したりしてみてください。

最初はためらわずにエントリー価格近辺でどんどん逃げて構いません。エントリーから30分経過しても為替価格が動かなければ半分を返済するくらいの気持ちでいてください。

イグジットはエントリー以上に難しいと言われます。エントリーは度胸、イグジットは技術と言われますね。
　完璧な利食いやロスカットはできないということを認識して、分割売買等の玉操作で利益を積み上げていきましょう。
　また、相場の動きが見えないときは、参加しないということも必要です。
　私たち個人投資家は証券ディーラーとは違い、毎日参加する必要はありません。
　自信があるときでも思うようにならないのがFXです。
　相場の動きが見えないときにあいまいな基準で参加することは、他のトレーダーに「お金を差し上げます」と言っているのと同じことです。
　他のトレーダーとは、この本を書いている私かもしれませんよ（笑）。
　多くの訓練を重ねて技術を身につけましょう。
　基本ができたら次は実践です。
　実践を何度も繰り返し、自分だけの売買基準を作り上げていきます。
　これは理論だけでは身につきません。
　また一朝一夕で身につくものでもありません。
　何カ月も繰り返し実践していきます。
　この本にも書いたようにFX絵日記（後で出てきます）をつけて、自己分析もあわせてやっていきましょう。
　そして自分に合った時間軸や売買ルールを探していきます。
　負ける人には「自分に甘い」「言い訳をして実践しない」「人のせいにする」という特徴があります。
　「自分は絶対に儲かる人になるんだ」という強い信念を持って考える必要があります。そして行動し自分の投資法を見直し、儲かっている人と負けている人の違いを真剣に考えてみてください。
　真剣にやり続けると必ず「そうか、そういうことか」とわかる日がやってきます。

☆広告を鵜呑みにするとどうなるか

　以前大阪に行った時の話です。
　行きの新幹線では富士山がキレイに見えました。私は富士山とても好きなんです。見ているだけで幸せな気持ちになってきます。
　私の住んでいる所から大阪に行くには、北陸新幹線で一度東京に出て、東京から東海道新幹線に乗っていくんですね。そうすると4時間程度で大阪に着くんです。速いですよねぇ。
　帰りの新幹線で、ある月刊誌を買って読んだんです。その中のFX会社の広告に次のように書いてありました。

　　昨年のリーマンショックなどにより俺の持っていた株も急落、かつての半分以下に……
　　ここまで下がったら塩漬けにして株価が戻るのを待つしかないが、2010年は心機一転。
　　なにか新しい投資にチャレンジしたい。
　　だが手元にあるのはほんのわずかな軍資金のみ……
　　少額から始められて、不況にも強い、そんなオイシイ投資先はないのだろうか。
　　そうか！　売りからも入れるFXなら、円高でも円安でも投資チャンスを狙えるはず。
　　上昇局面では買い、下落局面では売りと2つの売買手法を駆使することで、収益チャンスを2倍に広げることが出来る。
　　値上がり益狙いが基本の株式投資よりも、景気動向に左右されない機動的な投資が出来そうだ。
　　また、FXならレバレッジがきくから、投資資金を全額用意しないで済むのもうれしい。
　　10万円の投資資金で、1万ドル分の取引ができるなんて、まさに今の俺に

ぴったりだ。
ただ、気になるのはコストの問題。
なるほど。○○○○（FX会社の名前）なら取引手数料０円でドル／円のスプレッドも１銭原則固定
１万ドルを取引した場合の実質コストがわずか100円とは驚きだ！
信用取引とくらべてもFXの方が断然有利と言えるだろう。

　この広告を読んでみなさんはどのように思われますか？
　この広告を読んで仮にＡさんがFXを始めたとします。１年後のＡさんの投資行動はどのようになっているでしょう？
1. 塩漬けになった株は上昇し、買値まで戻った。そしてFXで儲けることができて資金は1000万円まで膨れ上がった。これからは相場で生きていくぞ。
2. 塩漬け株はそのままだが、FXはレバレッジが効いたので運用益が増え、500万円の資金になった。仕事をしながら相場でも儲け続けられそうだ。
3. 塩漬け株はそのままだし、FXでも利益を出すことができなかった。FXは株と違ってレバレッジが効くので資金を失うのも早かった。
　結局、投資資金はほぼ０円となり手元には塩漬け株だけが残った。相場からは足を洗って、これからは真面目に働くしかないな。
　今まで多くの書籍やウェブでFXの勉強をしてきた皆さんには答えはすぐにわかると思います。当然３番ですよね。
　株で儲からない投資家がFXで儲かるはずがないのですね。塩漬け株を持つような投資をする人が他の市場で儲けることなんてできるはずがないのです。
　証券会社やFX会社は当然そのことを知っていると思います。しかし、雑誌の広告にはこのようなことを書くのです。
　これでは日本の投資家が育つわけがありません。
　証券会社はどれだけの口座数を確保できるのかによって利益が変わってきますので当然このような広告を打つわけです。
　この世の中は、このような情報が溢れています。その多くの情報の中から本当の情報を見抜ける力をつけることが必要ですね。

☆あなたは損をするトレーダーか、損失を受け入れるトレーダーか

　18世紀の数学者ベルヌーイは被験者に次のような質問を行った実験をしています。
　次にあげるAとBの2つの状況を何人かの被験者に提示し、どちらを選択する人間が多いかを調べました。

　あなたならどちらを選択しますか？
　A……100%確実に80万円貰える。
　B……抽選で85%は100万円貰えるが、15%は1円も貰えない。

　実験の結果は、大多数の人がAの勝率100%確実に80万円を貰えるという選択をしました。
　数学的な期待値を見ると、Aは80万円であり、Bは85万円（100万円×0.85）になります。客観的に考えるとBを選択したほうが、価値が高いのです。
　しかし、大多数の人にとっては80万円貰えるという確実なプラスに対する「主観価値」は「不確実ではあるがより大きな期待利益」よりも高いということが言えるのです。
　また、同じ被験者に対して逆の質問をすると行動パターンは急転換するのです。

　あなたならどちらを選択しますか？
　A……100%確実に80万円損する。
　B……85%は100万円損するが、15%は1円も損しない。

　この質問に対しては大多数がBを選択しました。客観的に考えるとAの期待利益（損失）はマイナス80万円であり、Bはマイナス85万円（マイナス100万円×0.85）になります。Aを選択したほうが、損失額が大きくなる可能性が低

くなります。

　しかし、大多数の人間はＢを選択してしまうのです。これが本能的に「損をしたくない」「取り戻したい」とする欲求によるものなのです。

　このような行動を「危険追求型行動」と呼びます。

　これをトレードに当てはめると、2番目の質問においてＢを選択し続けるトレーダーは自分の資金を失い続けることになります。

　トレードにおいては確実な損失を受け入れることが、資金を減らさない方法なのです。つまり、小さなロスカットを受け入れなければならないということです。

　利食いの場合は、反対の選択をしなければなりません。確実な損失ではあるが少ない損失を受け入れ、確実な利益ではなく可能性の高い多くの利益を得るトレーダーだけが生き残っていくことができるのです。

　多くの人間の行動においては、現状よりも悪い状況に対しては少々分の悪いギャンブルであっても挑戦してみる、という傾向があることがわかります。

　最大の損失を受け入れずに少々の損失を受け入れればいいのに、負けを取り戻すために分の悪い賭けに出て多くのお金をつぎ込むという、結果的により悪い選択をし、悪い結果を招いている場合が多いのかもしれませんね。

☆損失を受け入れるトレーダーの特徴

　損失を受け入れるトレーダーは、自分の感情を客観的に見て受け入れることができます。
　「今自分は興奮しているな」「冷静な判断がしづらくなっているな」と感じることができるのです。そう感じることができれば、その感情に対処する方法を考えることもできます。
　また、損失を受け入れるトレーダーは、100％儲かる投資法が存在しないことを理解しています。
　一般に「聖杯」と呼ばれる勝利法が無いことを知っています。自分のポジションを客観的に見ることができるのです。それは確率論や相場の原理原則を理解し、理論で相場と向き合っているからです。
　ノーベル経済学賞を受賞したカーネマンとツベルスキーの二人は次のように言っています。

　　「主観的に判断される意思決定と、客観的（数学的）に判断された意思決定の間には、相矛盾する構造が存在する」

　多くの人は、少々劣っていても確実な利益を選ぶのです。人間には「心理的収支計算」というものがあり、相場やギャンブルも含めて「意思決定は、その選択に最大の期待利益（客観的利益）があるか否かに関わらず、最大の効用（主観的価値）が期待されるような選択を行うのです。
　上記のように少々劣っていても確実な利益を得ようとすることを「危険退避型行動」と呼びます。
　人間ははるか昔からどうやったら敵から身を守ることができるのかなど、いろいろなことを考えて生き延びてきました。危険から身を守ることは本能なのですね。

☆勝てるトレーダーは、
　自分の得意な手法をたんたんと繰り返す

　では、利益を上げるためにはどうすればいいのでしょうか。
　野球を例にしてみましょう。少年野球から高校野球、社会人野球にプロ野球、そして草野球といろいろな人が野球を楽しんでいます。
　少年野球や草野球をしている人たちの多くは、週に一回程度の練習でしょう。高校野球から上の人たちは毎日のように練習をしています。運動神経の良し悪しは別として練習の量が実力と比例していく世界なのですね。
　練習を重ねてレギュラーになった選手の中にも上手い下手が存在します。
　バッティングがうまい選手というのはどういう選手なのかと言えば、自分の得意なコースに来た球を確実にヒットにする選手なのです。不得意なコースに来た球には手を出しません。2ストライクになった後は、苦手なコースに来た球はファールで逃げます。そうやって得意なコースに来るまでじっと我慢できる選手なのです。難しいコースに来た球を強引に打ちにいってもヒットになる確率は低くなります。
　実はFXも同じなのです。FXにおいて価格の動きは一定ではありません。
　上昇力がとても強い時期もあれば下落力が強い時期もあります。また、ほとんど値動きのない時期も存在します。

●4番バッターになる必要はない

　どんな値動きのときにでも利益を上げ続けることのできるトレーダーというのは非常に少ないのです。野球で言えば、4番バッターです。どんな場面でも期待に応えてくれるバッターです。野球でも4番バッターはひとりしかいないように、トレーダーの中でも4番バッターと同じように常に儲けられる人は非常に少ないのです。
　それでも月単位で見ると多くの利益を上げ続けているトレーダーが存在します。そのような人たちに共通することは、必ず自分の得意な手法を持っているということです。

FXにおける価格の値動きで言えば、上昇相場が得意な人、下落相場が得意な人、ボックス相場が得意な人。

　また手法で見ると、ブレイク売買での順張りが得意な人、ボックス内での逆張りを得意とする人、スキャルピングが得意な人などさまざまです。

　しかし、順張りで多くの利益を得るのが得意で、スキャルピングも得意だというトレーダーはまずいませんし、両方が得意になる必要もないのです。

　順張りで多くの利益を得るトレーダーは売買回数が少なく、ボックス内での逆張りを得意とするトレーダーは順張りトレーダーと比べると多くの売買をこなしています。

　順張りでブレイク売買をするトレーダーが、数pipsの利益しか上げることができなければロスカットによる損失のほうがはるかに大きくなり、多くの利益を上げることはできません。

　逆張りトレーダーが順張りトレーダーと同じような回数しか売買をしなければ、同じように多くの利益を上げることはできません。

　それぞれが自分の得意な手法を持ち、その手法をたんたんと繰り返すことにより利益を上げ続けているのです。

　順張りを得意とするトレーダーは値動きの少ないときには手を出さずにじっと我慢をしていて、いざ価格が動き出すと一気に利益を取りにいきます。ボックス内での動きをしているときに手を出すことはないのですね。

　利益を出すことができる相場と利益を出すことができない相場があることを心得ているのです。

　しかし、自分の手法を持たないトレーダーはすべての場面で売買をしたがるのです。相場がある限り常に利益が目の前にあると勘違いしているのですね。

　利益を上げ続けるためには自分はどのような動きが得意なのか、またどのような動きを苦手としているのかを知らなければなりません。わざわざ苦手な場面で売買する必要はないのです。

　自分の得意とする簡単な場面だけで儲ければいいのです。直球ど真ん中の球が来たら思いっきり振ればいいのです。インコース高目が得意なのであればその球が来たときにだけ思いっきり振ればいいのです。

第3章

FXで利益を得る一番の近道

☆あなたは、なぜFXをするのか

　この本を読んでいるということは、あなたはFXに興味があると思います。
　FXに対してどのような興味をもっているのでしょうか。
- FXは気軽に儲けることができそうだ。
- 副業としてやってみたい。
- 将来のためにお金を貯めたい。
- なんとなく面白そうだ。そして儲かりそうだ。
- パチンコや競馬よりも儲かりそうだ。
- 自分の空いている時間に投資ができるから。

　FXに興味がある方は、下記の儲ける方法にも興味があることでしょう。
- 株式投資
- 日経225先物取引
- アフィリエイト
- ネット転売（せどり）
- 不動産投資
- 事業を行う

　つまり、本業以外でもお金を稼ぐ手段を身につけたいということだと思います。
　アベノミクス効果により、日本経済は上向きになってきています。しかし、その効果を実感している人は決して多くありません。
　自分の将来の生活のために、少しでもお金を貯めておきたいと考えるのは当然です。その方法のひとつとしてFXというものに興味を持ったのではないでしょうか。
　FXというのはとても魅力的な投資方法です。
　まずは、そのFXの魅力についての話から始めましょう。

☆魅力溢れる外国為替証拠金取引(FX取引)

　投資と聞いて、まず頭に浮かぶのは現物株（個別銘柄）の取引でしょう。

　現物株取引とはソフトバンク株や、NTT株などの株式の取引ですね。

　この現物株の取引については多くの方がある程度の情報をお持ちでしょう。

　書店に行けば、株式投資の本が多くあります。

　そして実際に株式投資をされている方もいらっしゃるでしょう。

　そして、信用取引をされている方もいらっしゃるでしょう。

　また、日経225先物などの先物取引をされている方もいらっしゃるかもしれませんね。

　しかし、投資家全体から見れば日経225先物などの先物取引をされている方は少ないかもしれません。

　では、FXはどうでしょう。

　この本を読んでいる方の多くはすでにFXで取引を始めているかもしれませんね。

　あなたはどのような理由からFXに興味を持たれたのでしょう。

　多分、本やネットの情報からFXに魅力を感じたのでしょう。

　どんな魅力を感じたのでしょう。

　まずは、このFXの魅力について私の思うところをお話したいと思います。

☆レバレッジが効く上に、さらに流動性の高いFX

　個別銘柄の取引もFXも同じ投資です。

　ここで個別銘柄とFXの違いを見てみましょう。

　ある個別銘柄の株価が100円だとします。最低売買単位が1000株だとした場合、10万円が必要になります。その株を100円で買って110円で売ったとします。その場合には1万円の利益を得ることができます。100円の株が110円になったのですから10％上昇したということですね。

　では、FXの場合はどうなるでしょう。ドル円で考えてみましょうか。

　ドル円を1万通貨買う場合には証拠金が必要です。証拠金は1/25必要ですから1ドル100円の時には最低でも40,000円の証拠金が必要になります。

　そして証券会社によりFX取引をするためには、決められた最低入金額があります。

　ここでは最低証拠金が10万円だと仮定して話をさせていただきます。10万円の証拠金ですと100円の株を1000株買うのと同じ金額ですね。10万円で100円のドル円を買うとするとレバレッジが25倍効きますので25,000通貨買うことができます。

　10％の利益を乗せて110円で利食いした場合には25万円の利益になるのです。同じ投資金額なのに個別銘柄では1万円の利益ですが、FXでは25万円の利益になります。個別株と比べると25倍の利益になるのです。同じ投資金額で大きな利益を得られる。これは後ほど書く商売の鉄則です。FXでは証拠金取引という方法で売買ができますのでこのようなことが起きるのです。

　FXってとっても魅力のある商品だと思いませんか。

　でも、これだけでは魅力溢れるとまではいきませんね。

　実はまだまだFXには魅力があるのです。

　その魅力とは、流動性です。FXの1日の取引量は5兆ドルにものぼります。非常に多くの取引が行われているのです。

　個別銘柄というのも多くの取引が行われているイメージを持っている人が多

いのです。

　例えば100万円の値が付いている個別銘柄の呼び値の単位は1万円です。今、その銘柄の気配が「100万円カイ、101万円ウリ」の場合、どうしても買いたいのであれば100万円から1万円上である101万円で買うしかないのですね。これは現値の100万円に対して1％に相当します。

　でも、FXの場合は呼び値というのがなく表示されている価格はスプレッド差になります。

　ドル円の場合ですとスプレッドの狭い証券会社であれば0.3銭程です。現在の通貨価格が100円だとするとBID（売り）は100.000円、ASK（買い）は100.003円になります。どうしても買いたい場合は100.003円で買うことになります。でも0.003円というのは100円に対しては0.00003％に過ぎないのです。

　また、値動きは0.001円刻みで動きます。この狭い動きの中に多数の投資家の売買注文が入ってくるのです。ですから個別銘柄と違って、相対的に売りたい価格と買いたい価格で売買することが可能なのです。

　個別銘柄の新興市場の売買板を見ていると、いきなり買い板がなくなってとんでもない安値で売らなければならないことが結構あります。110万円で売りたいのに、買い板が103万円にしかないなどという現象が起こります。FXの場合はまずそんなことは起こりません。

　流動性が高いから小刻みに売買をすれば、小さな利益を積み重ねることができるし、思惑が外れてロスカットする際にも、意外な安値で約定することは、ほとんどありません。ですから個別銘柄で株式投資をするよりも、収益ロスや損失拡大が防ぎやすくなります。これってすごい魅力だと思いませんか。

　FXという投資商品は少ない資金で投資ができ、レバレッジがめちゃくちゃ効くし流動性が高い、こんな魅力的な取引って滅多にありませんよね。やっぱり魅力溢れるFXですよね。こんなにも魅力的な商品なのですから上手に使って儲けていきたいですよね。

　この本ではこの魅力溢れるFXについてどのように取引をすれば利益を得ることができるのかを書いていきます。

　ワクワクしながら次のページへと進んでくださいね。

☆効率の良いお金の稼ぎ方とは?

　FXというのは、儲かる可能性もあれば損する可能性もあるというのはみなさんご存知ですね。

　テレビやネットでFXの利益を申告せずに何億円もの脱税をしたというニュースが流れることがあります。

　このようなニュースを見るとFXって簡単に儲かりそうだと感じます。また多くの雑誌にも儲かる話がたくさん載っています。

　投資商品の中でも先物取引というと悪いイメージを持たれている方が多くいるように感じます。先物に手を出すと「ダマされる」とか「家まで持っていかれる」など。

　でも、本当に先物取引をして家を取られたり自己破産をしたりする人がいます。

　では、FXというのは安全な取引なのでしょうか。

　実はFXも先物取引と同じリスクがあるのです。

　毎年FXの取引で自己破産する人が多くいます。長年働いてやっと得た退職金をFXですべてなくしてしまう人が後をたちません。

　先物取引というのは、証拠金取引という方法で行われます。FXも同じ証拠金取引です。FXとは、外国為替証拠金取引と呼ばれる投資商品です。ウィキペディアを見ると外国為替証拠金取引とは次のように書いてあります。

> ○外国為替証拠金取引（がいこくかわせしょうこきんとりひき）とは、証拠金（保証金）を業者に預託し、主に差金決済による通貨の売買を行なう取引をいう。「FX」、「通貨証拠金取引」、「外国為替保証金取引」などともいう。FXはForeign excange＝外国為替の略に由来している。海外ではForex（Foreign exchange）と呼ばれることが多い。また、日本では、投資商品としては、外国為替証拠金取引と差金決済取引（CFD）は区分されているが、実際は、外国為替証拠金取引は差金決済取引（CFD）の一種でもある。

証拠金取引とは、一定の金額（証拠金）を証券会社に預け入れることにより通貨や株式指数の取引ができる商品ということです。
　FXは世界中にある投資商品の中でも最大規模の投資商品です。
　毎日の経済ニュースで必ず出てくるドル円やユーロ円の動きを、今後円安になるのか円高になるのかを予想する取引です（予想という言葉は嫌いなのですがわかりやすいように使っています）。
　ドル円において、今後円安になると思えばドルを買えばいいし、円高になると思う人はドルを売ればいいのです。仮に1ドル100円の時に買って110円になって売れば利益を得られるということです。

　FXのドル円は売買の最低取引単位が、多くの証券会社では1万通貨単位となっています。中には1000通貨単位での取引が可能な証券会社も存在します。
　1ドル100円の時に1万通貨を買うと100万円になります。
　海外旅行に行く時に銀行や空港で両替をしますね。1ドル100円の時に100万円をドルに両替すると1万ドルになりますね。つまり、1万ドルに相当する円は100万円ということになります。
　100万円なければ1万ドルに両替することはできないのです（手数料は除きます）。
　しかし、FXにおいては1万ドルの取引をするのに100万円は必要ありません。
　ここで証拠金取引という言葉が出てくるのです。
　証券会社に一定の金額を預け入れると通貨の取引ができるのでしたね。
　この一定の金額というのは、取引する金額の1/25の金額になります。個人の場合、25倍のレバレッジがかけられることになっています。
　以前は個人でも200倍とか400倍というレバレッジをかけることが可能でしたが規制によりレバレッジに制限がかかり、2015年現在では個人取引の場合の最大レバレッジは25倍と決められています。
　つまり、1ドル100円の時に1万ドルの取引をする場合には100万円必要になるのではなく、100万円の1/25である4万円あれば取引ができるということになります。1000通貨なら4000円あれば取引が可能です。

ただし、証券会社では最低入金額というのが決まっていますので、最低でもその金額を入金する必要があります。証券会社によっては最低証拠金4000円という会社も存在します。
　最低入金額を入金すれば、自分の資金の25倍の通貨を買うことができるということです。
　最初にFXについてどのような興味を持っているかを聞きました。
　では、なぜFXをやりたいのでしょうか。

①ドル円の動きを知ることにより経済に強くなれるから
②スワップポイントにより、金利差を手に入れることができるから
③FXで儲けたいから
④趣味

　さあ、あなたはどれですか？
　私はもちろん③のFXで儲けたいからです。
　みなさんは、効率の良いお金の稼ぎ方というのをご存知でしょうか。
　それは、少ないお金で多くの利益を出すことです。効率の良いお金の稼ぎ方とは、できるだけ少ない元金でできるだけ多くの利益を上げることなのです。
　商売というのはいくら売上が多くても利益が少なければ苦労をするだけで何の意味もありませんよね。売上が多くて赤字の会社なんてこの世の中にはたくさんあります。そんなの商売ではないと私は思っています。それでは何のために商売をしているのかわかりません。
　私は28歳の時から自分で商売をしていますが、趣味で商売をしているのではありません。私は趣味でFXをやっているのではありません。しかし、たまに趣味で商売をしている人や趣味でFXをやっている人もいます。
　本当は儲けるためではなくスリルやワクワク感でFXをやっている人が多かったりするんですよね（笑）。

☆FXで儲けるのはカンタンな理由

　チャートを見ていると為替価格は上下しながらトレンドを作っているのがわかります。そして後から見るとしっかりと抵抗線で止められて下落していたり、2番底をつけて上昇していたりして、すぐに儲けられそうに見えるものです。
　このように後から見ると簡単に見えるチャートでも、実際に動いているチャートで売買をすると儲からないのはなぜでしょう。
　それは人間の心理が影響しているからです。
　ここではFXで儲けることは単純なことなんだということをお伝えしたいと思います。価格の動きというのは上に行くか下に行くかの2つしかないのです。とても単純なモノなのです。その単純なものを深く考えるから儲からないのかもしれません。実はトレードというのは、予測や予想などしなくても価格の動きに対応するだけで儲かるものなのです。
　「えっ、まさかそんなことあるはずないでしょ」と思われた人が多いでしょう。
　では、ここで一つの実験をしてみましょう。
　図4のグラフをコピーして手元に置いてください。

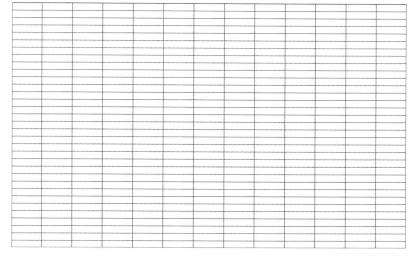

図4

表計算ソフトで同じようなグラフを作ってもいいですし、方眼用紙を用意していただいても構いません。方眼用紙なんて言葉何十年ぶりに使いました(笑)。
　このグラフに好きなように為替価格の動きをジグザグで書いてください。表計算ソフトでグラフを作った人は、jpgかgifファイルにしてペイントソフトを使ってジグザグを書いてみてくださいね。
　ジグザグは自分が思うような価格の動きを考えて、好きなように書いてください。強い上昇相場のジグザグでも急落したジグザグでも、また長期のボックス相場のジグザグでも構いません。
　後から、このジグザグの価格の値動きだけを使って売買した場合に、利益になるのかどうかを検証していきますので、マス目に合わせてジグザグを書いてくださいね。
　例として私の書いたジグザグを載せておきます。
　私のジグザグを見る前に自分でも書いてくださいね。
　人の書いたものを見て結果を知るのと、実際に自分が書いたものを見て結果を知るのでは、後々大きな差になってきますから。自分が実際に体験したほうが記憶に残るのです。できることはやってみるということもとても大切です。
　それではジグザグを見ていくことにしましょう。
　図5をご覧ください。

ジグザグが為替価格の動きだとすると天井と底がありますね。私の書いたジグザグは上昇した後、下落しています。
　縦軸の1メモリを1ポイントとして見ていきましょう。
　買いと売りの条件は次のようにします。

○買いの場合、底から2ポイント上昇したら買い。
○売りの場合、天井から2ポイント下落したら売り。
○買いから売りに転換する場合はドテン売買をする。

　ある価格から2ポイント上昇したら底が確定したこととして底から2ポイント上昇したところで買う。2ポイント下落したら天井が確定したこととして天井から2ポイント下のところで売る。これだけです。とっても簡単な売買ルールでしょ。
　次に図6をご覧ください。
　A、C、E、G、Iの地点で買いになりB、D、F、H、Jの地点で売りになります。
　それぞれの売買結果を見ていきましょう。

図6

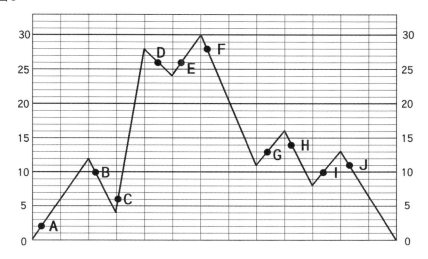

Aの2で買い、Bの10で売りドテン	＋8ポイント
Bの10で売り、Cの6で買いドテン	＋4ポイント
Cの6で買い、Dの26で売りドテン	＋20ポイント
Dの26で売り、Eの26で買いドテン	±0ポイント
Eの26で買い、Fの28で売りドテン	＋2ポイント
Fの28で売り、Gの13で買いドテン	＋15ポイント
Gの13で買い、Hの14で売りドテン	＋1ポイント
Hの14で売り、Iの10で買い	＋4ポイント
Iの10で買い、Jの11で売りドテン	＋1ポイント
Jの11で売り、0ポイント目盛まで	＋11ポイント

合計すると＋66ポイントとなりました。

上へ下へのジグザグですが、プラスになります。これが上昇トレンドであればさらに大きなプラスになります。

逆に、下降トレンドの場合も上昇トレンドと同じように大きなプラス結果になりますが、ここでは紙面の関係から載せることはできませんのでいろいろなジグザグを書いて確認してくださいね。

いかがでしたか？

いい加減に適当に書いたジグザグでも利益になっていませんか。

みなさんが書いたジグザグはランダムに書いたもので誰にも予測ができないジグザグです。

でも、利益になっていますよね。

予測や予想などまったくしなくても儲かる方法があるということがおわかりになったと思います。

このことを実際の売買に置き換えた場合には1ポイントを何pipsにするのかを決めればいいのですね。

1ポイントを5pipsにするのか、10pipsにするのか、または50pipsにするのか、ということです。

また、買いの場合と売りの場合は、同じポイントで売買をしてもよいのでし

ょうか。

　買いは底から30pipsの上昇で買うのがよいが、売りの場合には、天井から60pips下落してから売ったほうが利益になるかもしれません。

　これらのことは実際のチャートをもとに検証してみれば一発でわかります。

　検証したくてウズウズしてきたでしょ。

　そんな人はひとまず本書を閉じて検証してみてください。そして納得できたら再び本書を開いて続きを読んでくださいね。

　図7にもう一つジグザグを載せますのでご覧ください。

図7

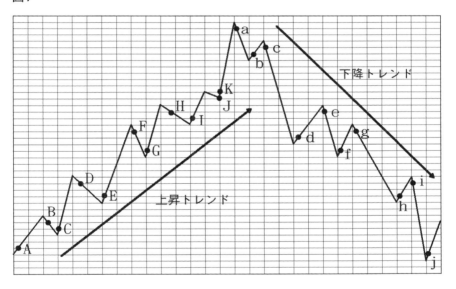

　大文字で書いている期間は上昇トレンドです。小文字の期間は下降トレンドです。

☆価格の値動きだけで儲けることができる

　55ページの図では、底から2ポイントで買いになっていましたが、57ページの図では、トレンドによる違いをわかりやすく説明するために底から1ポイントで買い、天井から1ポイントで売りにしています。
　買いの成績は次のようになります。

　　A－B　＋4
　　C－D　＋7
　　E－F　＋10
　　G－H　＋6
　　I－J　＋3
　　K－a　＋10
　　b－c　＋1
　　d－e　＋4
　　f－g　＋3
　　h－i　＋2
　　j－右端＋5

　合計ポイント　＋55ポイント

　売りの成績は次のようになります。
　　B－C　＋1
　　D－E　＋2
　　F－G　＋3
　　H－I　＋1
　　J－K　－1
　　a－b　＋4

```
c－d    ＋14
e－f    ＋ 6
g－h    ＋10
i－j    ＋11
```

合計ポイント　＋51ポイント

　買いは合計で＋55ポイントです。売りの成績も合計で＋51ポイントです。上昇トレンドにおける買いのポイントは＋40ポイントで下降トレンドにおける買いのポイントは＋15ポイントです。上昇トレンドにおける売りのポイントは＋6ポイントで下降トレンドにおける売りのポイントは＋45ポイントとなっています。
　つまり、上昇トレンドにあるときは買いが有利であり、下降トレンドにあるときは売りが有利であるということが確認できたのです。
　これは基本的なことであり、相場の原理原則なのですね。

　ちょっと復習してみましょう。
　短期波動という言葉が以前書いた「日経225先物」のトレード関係の著書（『株・日経225先物　勝利のチャート方程式　増補改訂版』）で出てきます。方向性を持つ株価の動きの最小単位の波動を「短期波動」と呼びます。短期波動の天井と底の位置関係によってトレンドを決めることができるのでした。
　次のようなルールを決めたとします。

○直近の短期上昇波動の天井を、次の短期上昇波動が上回った時点から「上昇トレンド」になったとする。
○直前の短期下落波動の底を、次の短期下落波動が下回ったときから「下降トレンド」になったとする。

　上昇トレンドにあるときは、短期下落波動の底で押し目買いをして、短期上

昇波動の天井で利食い売りをするのが理想です。逆に、上昇トレンドにあるときに「売り仕掛け」をしても大きな利益につながることは少なく、損失になる場合が多くなります。

　下降トレンドにあるときは、短期上昇波動の天井で戻り売りをして、短期下落波動の底で買戻して利食いをするのが理想です。下降トレンドにあるときは「買い仕掛け」は大きな利益につながらず損失になる場合が多くなります。

　このルールで売買をしていると、上昇トレンドから下降トレンドに転換する場合、買い仕掛けをしていると損失になりますが、その場合でも大きな損失にはならず、小さな損失ですみます。仕掛けが損失になったらトレンドが転換するのではないかと考えられ、その後の対処ができるようになるのです。

　このようにテクニカルを使わなくても為替価格の値動きだけで儲けることができるのです。
　同じものでも見方を変えると多くのことが見えてきます。固定観念にとらわれずにいろいろな方向からものごとを見て判断するように訓練してくださいね。

☆トレードで生き残っていく方法

　自分はトレードをやることに向いているのだろうか？
　このように思ったことはありますか。
　非常に大きな損失を出した後にはこのようなことを考えたことがあるのではないでしょうか。
　私たちは将来の為替価格の動きを知ることはできません。正確な予想をすることもできません。
　つまり、トレードをしている限り勝率100％というのは有り得ないのですね。

100戦100勝というのは有り得ないのです。

　トレードというのは勝ったり負けたりしながら取引を繰り返し月間または年間を通じて損失よりも利益を多くすることを目的として行うのです。
　年間を通じて損益をプラスにするためには、損失を少なくし、利益を大きくすることは大切なことです。
　でも、それがなかなかできないのですね。
　それをするために重要なことは、自分の失敗を素直に認めるということです。
　そして、その失敗をしっかりと受け入れるということです。
「自分の考えは正しいんだ」
「間違っているのは相場のほうだ！」
といくら叫んでみても利益にはなりません。それどころか損失が膨らんでいくだけです。

●プライドの高い人ほど要注意

　意地になって自分の失敗を認めず、含み損を確定させずにロスカットをためらっていると最終的には自分の資金がなくなり相場からの退場という現実が待っています。

学歴が高い人ほど自分の失敗を認めたがらないようです。
　名門高校から名門大学を出て有名企業に就職し、順調に出世をしていった人ほど自分の失敗を認めたくないという気持ちが大きくなる傾向があります。
　ウォーレン・バフェットは次のように言っています。

>「ロケット工学で博士号を取る必要はありません。投資とは、知能指数160の人間が130の人間を倒すゲームではないからです」
>「合理的かどうかが問題です」

　高度な教育を受け、プライドが高い人ほど自分の能力を過信し、負けを認めるべき局面になっても合理的になれず、傷を深める結果になる可能性が高いのではないでしょうか。
　エントリー後、自分の思惑と違う動き、シナリオに反する動きになった場合には、すぐに自分の間違いを認めロスカットをして資金を守る必要があります。
　それが相場の世界で生き残っていく方法です。

☆利益になる動きを明確にする

　もし、「有利な局面だけ」エントリーできるとしたならば、FXで利益を上げることは簡単なことだと思いませんか。
　リスクが小さくリターンが大きい場面がわかり、さらに勝率が高いとしたらとても有利に売買を行うことができますよね。
　今まであなたが次のように思ったり感じたりしていたら。

○FXで勝つための手順がわからない。
○ロスカットを躊躇したことがある。
○利食いはとても難しいと感じた。
○FXでの売買をするためには心理・精神面が大切だと気づいた。

　次の文章をしっかりと読んでください。

　FXで勝っている人なんて本当にいるのだろうか？
　あなたがこのように思うのも無理はありません。
　FXに参加している人の90％が損をしていると言われています。
　自分の周りでは勝っている人がいるという話を聞いたことがないし、勝つことは夢物語なのではないか？　とさえ思うかもしれません。
　しかし、参加者のほとんどは、なんの戦略も立てずに、なんの武器も持たずに安易にFXに参加しているのです。根拠のないまま買って、少し上昇しただけで利食いをして、買値から価格が下がってもロスカットすることなく我慢をする。そして最終的に強制ロスカットに掛かる。これでは勝てるはずがありません。
　勝つためには狙う動きを明確にする必要があります。単純な話をすると、どこでエントリーして、どこでイグジットするのか、ただこれだけのことです。
　自分はどういう動きを利益にかえようと狙っているのか、ということを認識しておくことがとても重要なのです。

狙う動きを明確にすることによって、無駄打ちを減らすと同時に上達するまでの時間の短縮につながります。

これから基本を説明しますのでしっかりと読んでくださいね。

まず、売買の方法を大きく分けると順張りと逆張りに分けることができます。

順張りというのは、トレンド方向にポジションを建てる売買のことです。
逆張りというのは、トレンドと反対方向にポジションを建てる売買のことです。

順張りの場合は、トレンドが継続するところで利益につながり、逆張りの場合は、トレンドが転換するところで利益につながります。

次の図8をご覧ください。

一般的な価格の動きを示した図です。

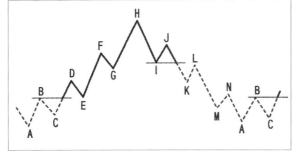

図8

Bの高値を超えると上昇トレンド（実線）、Iの安値を割り込むと下降トレンド（点線）になります。

この図において逆張りで利益につながる売買は次のとおりになります。
○下降トレンド中に、底値を狙ってAで買う。
　もしくは
○上昇トレンド中に天井を狙ってHで売る。

この2つです。
　しっかりと転換を捉えることができると大きな利益につながりますが、実際にはかなり厳しいのです。この図で下降トレンドから上昇トレンドに転換したのは2回だけ。上昇トレンドから下降トレンドに転換したのは1回だけです。両方合わせても3回しかトレンド転換していないのです。
　逆張りというのは、その難しい場面を狙う売買になります。
　底値で買ったり、天井で売ったりすることができれば、自慢にはなるかもしれませんが、私たちは売買を自慢するためにFXをやっているのではありませんよね。
　儲けるためにFXをやっているのです。

逆張りが有効な場面というのは非常に限られるのです。

　一方順張りは、実線のところでは買い、点線のところでは売ることになります。トレンドが続く限り、利益につながるのですね。
　Aから上昇して上昇トレンドに転換する時でも、Bではトレンド転換したと参加者は確信できていません。
　よって、まだ下降トレンドが続くと思ってもう一度下を試しに来ます。この動きが2番底を形成するのです。
　上昇トレンドから下降トレンドに転換する場合は、Iでは下降トレンド転換したと確信できていません。
　よって、まだ上昇トレンドが続くと思ってもう一度上を試しに来ます。この動きが2番天井を形成するのです。
　つまり、順張りではこの時点になってからでも十分に対応することが可能なのです。
　結果としてわかることは次のとおりです。

「順張りは多くの場面で有効である」

　ということです。

☆逆張りが難しい最大の理由

　FXに参加する多くのトレーダーは逆張りを好みます。
　実は逆張りというのは、有効な場面の回数が限られるだけではなく、大きな落とし穴があるのです。
　逆張りで買う場合というのは、下落している途中で買うことになりますね。
　次の図9をご覧ください。

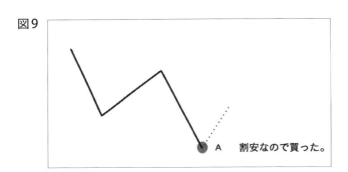

図9

　「もう十分に下げた。これ以上下がる可能性は低いだろう。ここまで下がれば割安なので反発するだろう」
　こう思って買うわけです。
　Aが底になってうまく反発すればいいのですが、さらに下がる場合があります。
　そうなると、一旦ロスカットして仕切り直しをするべきなのですが、逆張りの場合は、最初に買った時に割安だと思って買ったのです。買値からさらに下がるということは、買った時よりももっと割安になったということです。
　あなたは、買値よりももっと割安になったのにロスカットすることができるでしょうか。

次の図10をご覧ください。

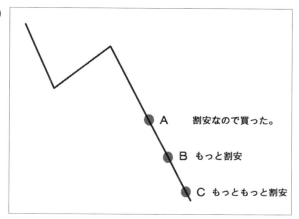

図10

　仮に、Bでロスカットしたとします。ロスカットしたBが底になって反発すれば必ず後悔します。ロスカットするどころかBで買い増しをするかもしれません。逆張りの買う理由というのは、売られすぎ、割安という理由だけなのですから。
　買い増しをした結果、残念ながら価格はさらに下げていきます。
　そして、資金減少（含み損）・恐怖に耐えられなくなって、ようやくロスカットをして大損することになります。
　個別銘柄の取引であればロスカットせずに塩漬けにして見なかったことにするかもしれません。
　一般投資家は、割安という魔法の言葉に弱いのです。
　105.00円だった価格が104.50円で買えるというと、多くの人が「ここで買ったら得なのではないか」と思って買うのです。

逆張りはロスカットがとても難しい

これが、逆張りの落とし穴なのです。

ロスカットは難しいのですが、実は利食いのほうもうまくできないのです。もしうまく底近辺で買えたとしても、少し上昇するといつ下への動きに戻るかもしれないという恐怖で小さな利益で利食いしてしまいます。

せっかく底で買えたとしても振り落とされてしまうのです。

つまり、逆張りはチャンスが少ない上に、利食いは小さくなりやすく、ロスカットはやりづらいということになります。

逆張りで利益を積み上げていくということは簡単なことではありません。

投資資金が潤沢にある人は、ナンピン買いをして下がるたびに買い増しをしていけば、そのうち反発して取り返すことができるかもしれませんが、それだけ多くの資金があるのであれば、ロスカットして他の通貨ペアに投資するほうがよいでしょう。

逆張りについては理解していただけたと思います。

●順張りは、利食いが大きく、チャンスも多い

では、次は順張りについて説明します。

次の図11をご覧ください。

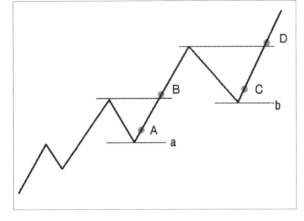

図11

図11は上昇トレンドが継続している状態です。
　順張りのエントリーポイントはA〜Dの4カ所になります。
　A，Cは、先の高値のブレイク前、B，Dはブレイクの時にエントリーとなっています。
　順張りの前提は、トレンドが継続していることですので、エントリー後にトレンドが転換となればエントリーした理由がなくなりますのでロスカットすることになります。順張りのロスカットポイントは明確なのです。
　a地点b地点を割り込むとロスカットになるということです。
　トレンドが転換する時には必ずa地点やb地点を割り込みます。
　利食いのほうは、トレンドが継続している限り持続可能ですので、利益を引っ張ることができるのです。
　つまり、

順張りは、利食いは大きく損失は限定、しかもチャンスの回数は多い

　ということになります。
　以上のことから、FXで勝ち組になるためには、

「逆張りをやめ、順張りでトレードを行うこと!」

　これが第一になります。
　もちろん、逆張りを完全に否定するわけではありません。逆張りでトレードをしているトレーダーの中には継続的に利益を得ている方もいるでしょう。
　トレードの方法は個人個人違って当然なのですが、逆張りで成功しているトレーダーは、ロスカットをしっかりと行うことができ、精神的に鍛錬されたごく一部の人でしょう。
　ですから、FXで利益を得ていく基本は順張りの売買を身につけることです。
　これが勝ち組への近道ということになります。

☆リスクが小さくリターンが大きい、しかも勝率が高い局面はこれだ

図12をご覧ください。

図12

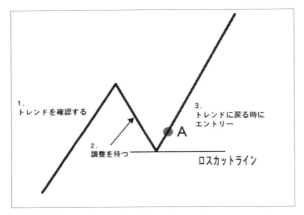

「リスクが小さくリターンが大きい、しかも勝率が高い局面」というのは次の局面です。

①トレンドを確認する
②調整（反トレンド）を待つ
③トレンド方向に戻る時にエントリー

これが図12のAに当たるのです。
狙いを絞って徹底的にAで買うための研究をする。これが遠回りをせずに

「FXで勝つ道筋」

なのです。

そもそもトレードというのは参加者にエントリーの自由が与えられているのです。しかも有利だと思った時だけ参加することができるのです。
　競馬であればスタートする前にどの馬を買うのか決めて馬券を買います。これは当たり前ですね。
　しかし、トレードというのはスタートした後から買ってもいいのです。第3コーナーを過ぎてから先頭にいる馬を買ってもいいのです。しかもゴールまで見なくてもいいのです。第4コーナーで売ってもいいのです。競馬に比べればすごく簡単でしょ。これなら勝てますよね（笑）。

　あなたは、ここまで読んで、「リスクが小さくリターンが大きい、しかも勝率が高い局面」を知ることができました。
　有利な局面に的を絞り、待ち伏せ売買をしていくことによって遠回りをせずに勝ち組に入る道筋が見えてくるはずです。
　そうです。
　遠回りをしている暇はありません。
　資金をなるべく減らしたくない人は早く上達する必要があります。悠長に構えていると上達する前に資金が尽きてしまいます。なるべく早く収支トントンのレベルまで上達しておく必要があります。
　資金の減少を最小限にしておけば、後は経験を積むことで勝てるようになってきます。ほとんどの人はその前に強制的に退場させられるか、相場は怖いものだと言いながら相場の世界から去っていくのです。
　ここでは、あなたにFXにおいて狙うべきポイントをお伝えしました。
　しかし、ここでお伝えした内容ですべての問題が解決するわけではないはずです。
　ここで本を閉じるのではなく最後までしっかりと読んでくださいね。

第4章

ストレスフリートレードを身につけよう

☆デイトレなら、マルチタイムチャートでの売買がストレスフリー

　デイトレーダーの中には、1分足だけを使ってデイトレードをするトレーダーもいれば、3分足や5分足だけを使ってデイトレードするトレーダーもいます。また15分足だけを使うトレーダーもいます。

　1分足だけを使うトレーダーはスキャルピング手法をメインにしています。数pipsの利益を積み重ねていく手法です。スキャルピングは素早い対応が必要であり、反射神経が鈍ければ他のトレーダーの餌食となります。

　20代のトレーダーであればやっていけますが、30代後半にもなると速さについていけなくなるトレーダーが少なくありません。ましてや40代後半から50代になればスキャルピングで利益を上げているトレーダーは皆無でしょう。スキャルピングは非常に神経を使うトレードなのです。もし、あなたがまだ20代であり、1日に50回も100回ものトレードをしながら利益を上げたいと考えているのであれば、この本はあまり役に立たないかもしれません。トレードに対しての考え方は参考になりますが、スキャルピング手法については参考にならないでしょう。

　3分足や5分足をメインに使うトレーダーも、そこそこの反射神経が必要でしょう。ここだと思った時に、瞬間的にマウスをクリックしなければなりません。少しでも躊躇するようであれば、為替価格が動き置いていかれます。そしてトレード中は常にチャートを見続けなければチャンスを逃すことになってしまいます。

　以前は私もそのようなトレードをしていた時期がありましたがトレードを終えると、どっと疲れてしまい、他には何もする気になれなかったのです。やはり、プレッシャーやストレスのある売買というのは精神的によくないし、長く続けていくことはできないと思います。その後、私は日経225先物の取引では15分足と60分足をメインに使ったマルチタイムチャートによる売買に切り替えました。FXにおいては1時間足と4時間足をメインに使ったマルチタイムチャートによる売買を行っています。これが一番プレッシャーやストレスを感じずにできる時間軸だったのです。みなさんも自分自身がプレッシャーを感じない時間軸、ストレスを感じない時間軸を見つけてくださいね。

☆簡単な場面だけ儲ければいい

　何かしらの方法で安値がわかり、安値で買って、天井で利食うことができれば最高ですね。これ以上の快感はありません。これを続けることができればあっという間に億万長者です。そう言えば億万長者なんて言葉、最近聞きませんね。もう死語になっているのかな。

　でも億万長者になるということは、トレーダーの誰しもが一度は夢見ることです。しかし、現実はそんなに甘くありません。

　FXを長い期間やっていれば、100回のうち一度や二度は大底で買うことができるかもしれません。

　しかし、そのようなことはゴルフのホールインワンと同じようなものではないでしょうか。ホールインワンはちょっと言いすぎですね。なんてったって一生に一度できるかできないかというものですから、アマチュアのイーグルと同じようなものと言ったほうがいいでしょう。ゴルフでも月に1回程度の打ちっぱなしの練習しかしなければ、ラウンドしても100を切ることはなかなかできませんね。

　FXでも同じなのです。

　FXの勉強や研究をしないで、ネットで飛び交う情報だけをもとにトレードしていては利益を上げることはできません。そして競馬の大穴を当てようとするように為替価格の天井や底を一生懸命に当てようとするのですね。そんなことをしていても儲かるはずがありません。

　ネットの掲示板を見ていると、よく天井や底を当てたことを自慢するような書き込みが多く見受けられます。そのようなことを書く人たちというのは100回に1回当たったときだけ書くのですね。そして、それを褒めてもらうことで自己満足しているのです。私たちがFXをしている理由は、人に褒めてもらうためでも人に認めてもらうためでもありません。FXをする理由はただ一つ。

　それは利益を上げることです。儲けることです。

☆「いい加減に適当に」戦わずして勝つ

　相場の原理原則を理解し、自分の手法が固まり簡単な場面だけエントリーできるようになるととても素晴らしいことが起こります。

　それは、「普段の生活の中での自由時間が圧倒的に増える」ということです。今FXでデイトレをしているトレーダーの多くは兼業トレーダーです。本業を持っている人たちです。多くの人は昼に仕事をして夕方から夜になると家に戻ってきます。そして、その後トレードをする時間帯はパソコンの画面に釘付けになっているでしょう。晩ご飯もろくろく食べることもせずに食い入るように画面を見続けている人も多いのではないでしょうか。

　会社から帰ってきてから夜中まで、パソコンの画面を見続けていると非常に疲れます。そしてトレードを終えると疲れが一気に出てすぐに寝てしまうのではないでしょうか。その日のトレードで損失になった時などは自分の未熟さに嫌気がさして、疲れていて寝たいのに眠れない夜を過ごすということもあるかもしれませんね。

　トレードをする時間というのは、1日のうち6時間から8時間という人が多いのではないでしょうか。そのトレード時間に集中しすぎるあまりに一日の体力をすべて使いきってしまうのです。

　仕事中もスマホを使ってトレードをしているトレーダーであれば一日中画面とにらめっこをしているようなものです。こんなことをしていては体を壊してしまい、トレードどころではなくなります。

　そして、トレードをしない週末は家族サービスでさらに体力を使い、また月曜を迎えるのです。

　もう解散してしまいましたがファンキーモンキーベイビーズのヒーローという歌に次のような歌詞がありました。

　　「株はまた急落のしかかる重圧　So溜まったストレスをこらえて遊びに行きたい気持ち抑えて、ネオン街の誘惑すり抜けて週末、体にムチ打って家族サービスまた迎える月曜日」

まさにこのような生活になってしまうのではないでしょうか。ストレスが溜まってくると体が拒否反応を起こし病気になってしまいます。本来楽しいはずのFXが病気の原因になってしまうなんて悲しいですよね。

そうならないためにも「いい加減に適当に」FXと向かい合いたいものです。

「いい加減で適当」なんて言うと「けしからん、FXは真剣に行うべきで集中するのが当たり前だ」なんてお叱りの声が聞こえてきそうです。

「いい加減で適当」というのはどういうことか？

辞書で「いい加減」と引いてみると最初に出てくるのは、

「適度、ほどよい程度、ちょうどいい加減」です。

そして2番目に出てくるのが、

「でたらめな、不徹底の、疑わしい、当てにならない、根拠のない、あいまいな、中途半端な」などとあります。

私の言ういい加減とは最初のいい加減です。今、自分の目の前に起こっている出来事に対してちょうどいい加減であたるのが一番楽でストレスがかからないのですね。

「適当」という言葉も辞書で引いてみましょう。

1　ある条件・目的・要求などに、うまくあてはまること。かなっていること。ふさわしいこと。また、そのさま。「工場の建設に------な土地」「この仕事に-----な人材」
2　程度などが、ほどよいこと。また、そのさま。「調味料を-----に加える」「一日の-----な仕事量」
3　やり方などが、いいかげんであること。また、そのさま。悪い意味で用いられる。「客を-----にあしらう」「-----な返事でごまかす」

私の言う適当はもちろん最初の意味ですね。

今、自分の目の前に起きている物事に対してちょうど良く当てはまるように対応していけばいいのですね。背伸びをして無理をする必要なんてないのです。

「いい加減で適当」というと一般的には悪い意味で捉えている人が多くいると思います。しかし、「いい加減で適当」というのはちょうどよくストレスなく楽になれるのです。目の前に起こることに対して戦わないということです。

戦わずにして勝つというのがこの「いい加減で適当」なんです。
　戦わずして勝つというのはどういう状況がわかりますか。
　戦う相手はいなければ戦わずして勝てますよね。敵がいない状態が戦わずして勝つということです。
　漢字で書くと、敵が無いということですから「無敵」と書くのです。
　「無敵」って響き、いいと思いませんか。
　私は、相場も人生も「いい加減で適当」が一番だと思っています。
　だってそれが一番楽しいんですから。
　ということで、FXも「いい加減で適当」な手法でやっています。
　そうすると、どのようなことが起きるのか。
　自分の自由に使える時間が圧倒的に増えるのです。トレードに対して「いい加減で適当」に向き合うと相場の流れに対して逆らわずにすむのですね。相場の流れと戦うことがないのです。自然に流れに乗っているだけで含み益が増えていくのです。
　「いい加減で適当」な売買を続けていくと相場の流れがすごくよく見えてくるようになります。
　「今の流れは上から下にゆるやかに流れているなあ」「でももう少しするとこの流れは激流に変わりそうだな」とか、「今日一日はゆるやかな流れが続きそうだな」なんてことがわかるようになるのですね。
　川の水がダムに貯まり動かなくなるように相場の流れが止まり、まったく動かなくなったときには売買をする必要はありません。
　チャートを見ている必要さえないのです。つまり、パソコンの前にいる必要なんてまったくないのです。
　デイトレをしていながらパソコンを見る必要がない時間があるなんですごいと思いませんか。

☆リスクリワードレシオを調べてみよう

　FXで儲ける秘訣は「損小利大」だという言葉は聞いたことがあるでしょう。
　損失は少なく利益は大きくしろ、ということですね。
　人間というのは、損失は我慢して、利益はすぐに確定したくなる生き物です。
　損小利大にするのは、普通は難しいのです。
　ではどうすればいいのか？
　リスクリワードレシオという言葉を聞いたことがあるでしょうか。
　リスクに対するリワード（損失に対する利益）の割合のことです。
　例えば、ロスカットの幅を15pips設定して利益の幅を30pipsに設定したとすると、
リスクリワードレシオは　15：30　＝　1：2
ということになります。
　損失1に対して利益が2ということです。

　自分のトレードにおける勝率が50％だとしたら、10回のトレードをすると5回利益になり5回は損失になるということですね。
　ではちょっと計算してみましょう。
　先ほどと同じロスカットの幅を15pipsに設定して利益の幅を30pipsに設定したとすると5勝5敗の場合ですと、

　損失は15pips×5回＝－75pips
　利益は30pips×5回＝＋150pips
　損益は　－75＋150＝＋75pips

ということになります。
　次ページの図13をご覧ください。

図13

リスク:リワード	0勝10敗	1勝9敗	2勝8敗	3勝7敗	4勝6敗	5勝5敗
1:2	-10	-7	-4	-1	2	5
1:1.5	-10	-7.5	-5	-2.5	0	2.5
1:1	-10	-8	-6	-4	-2	0
2:1	-20	-17	-14	-11	-8	-5

リスクリワード	6勝4敗	7勝3敗	8勝2敗	9勝1敗	10勝0敗
1:2	8	11	14	17	20
1:1.5	5	7.5	10	12.5	15
1:1	2	4	6	8	10
2:1	-2	1	4	7	10

●リスクリワードレシオは1:1.5以上が目安

　リスクリワードレシオが1:1の場合ですと、5勝5敗でプラスマイナスゼロになります。

　勝率60％以上でなければ利益にはなりません。

　リスクリワードレシオが1:2の場合ですと、4勝6敗でプラスになります。

　逆にリスクリワードレシオが2:1の場合ですと、勝率70％以上でないとプラスにはなりません。

　一括売買でロスカット20pips、利食い40pipsの設定で勝率70％というのは現実的には少し無理があるでしょう。

　そこで、分割売買が登場するのです。分割利食いをしていくことによって利益を確保しつつ損失を少なくするのです。

　1回のトレードにおいてトータルでプラスにすればいいのですね。

　合計損失が15pips、合計利益が30pipsというトレードをしても1:2になります。

　私はエントリー時にロスカット価格を設定していますが、すべての建玉をストレートでロスカットすることはほとんどありません。

　玉操作をしながら玉を軽くして損失を少なく抑えるようにしています。

そして、利益に関しては分割利食いをしてしっかりと確保していきます。
　リスクリワードレシオ1：2以上を確保するようにしています。
　ここで、みなさんの今までのトレードの結果から自分のリスクリワードレシオを計算してみてください。

　1：2以上になっていれば、とても素晴らしい結果だと思います。
　1：2になっていなくても1：1.5にはなっているという方もいらっしゃるでしょう。もし、1：1だとすれば、トレード方法の改善が必要になります。
　リスクリワードレシオが1：1.5以上になっている方は、今のままトレードを進めていっても大丈夫でしょう。
　このようなマネーマネージメントというのは相場の世界で生き残っていくためには大切なことですので、自分のリスクリワードレシオを調べてみてくださいね。

☆リスクを取ることの重要性

　リスクを取るということについて考えてみましょう。

「あなたはトレードにおいてリスクを取っていると言えますか」

　トレードは、いつエントリーしてもいいし、いつ手仕舞いしてもよいので始めるのも終わるのも自分で決めることができます。トレードにおける行動は完全に個人の自由に任されているのです。
　すべてが自由であり、すべてを自分で決めることができるという有利な条件で参加できるのです。しかし、逆の言い方をすると、トレードにおけるすべてのことは自分で決めないといけないということです。
　トレードで行わなければならないことを自分で決めることができない人にとってはこの有利な条件が仇になってしまいます。買いエントリーをしようと思って押し目を待っていて、実際に価格が下がってくるのを見ると恐怖心が出て、
　「もっと下がってしまうかもしれない」
　「もしかしたら急落するかもしれない」
と考え、安全にエントリーするために、
　「あと10pips上がってからエントリーしよう」
　「あの高値を抜いてからエントリーしよう」
と必要以上の確認をすることを自分の中で正当化してしまうのです。
　確認のしすぎでエントリーが遅れると次のような不利な点が出てきます。

○ロスカットが大きくなる
○エントリーを見送ってしまう
○エントリー注文を入れるが約定せずに置いていかれる

　ロスカットが大きくなるというのは、価格が下げ止まり反転してある程度上

昇してからのエントリーになってしまうので、反転の価格を割り込むまでのロスカット幅が大きくなるということです。

エントリーを見送ってしまうというのは、価格が下げ止まり反転したら買おうと思って待ち構えていたのが、エントリーが遅れたためにロスカット幅が当初考えていた幅よりも大きくなってしまうということです。その結果、エントリー直前にロスカット幅が大きいのであればエントリー自体リスクがあると考えて見送ってしまうということです。

エントリー注文を入れるが約定せずに置いていかれるというのは、反転ポイントに近いところというのは、参加者の多くはまだ下がると思っていますので売り物が出てきます。その時に買い注文を入れると難なく約定します。

しかし注文を入れるのが遅れると、他の参加者も上を見始めるようになるので、売り物があまり出てこなくなります。この時点で注文を入れても約定しづらくなるのです。そして、結局約定することなく価格は上昇を始めます。

そして、そこから大きなトレンドになるような上昇時には置いていかれ、上昇できない動きの時はしっかりと約定し、その後ロスカットにかかるという負けパターンに嵌ってしまいます。

大きく動く時に限ってエントリーしていないという方は、思い当たる節がないか考えてみてください。

●リスクを取るの本当の意味

では、どうすればいいのでしょうか。

自分でいつ売買するのか決めることが自由であり、その自由が仇になるのならいっそのこと自由を奪ってみましょうか。

次のような条件で売買をしてみましょう。

いつも21時にトレードを行える環境にあるとした場合、

エントリーする時間は21：00とします。

21：00に買うことしかできません。（売りはなし）

数量は1万通貨のみ。

ロスカットと利食いは、前もって決めないといけません。

この条件ですと、考えることはシンプルです。
　買いが有利かどうかという点です。
　ロスカットをどこにおいて、利食いはどこにおくのか。
　その場合、利食いできる可能性と、ロスカットになる可能性どちらが高いのか。を考えるでしょう。
　例えば、
　ロスカット幅が　　20pips
　利食い幅が　　　　40pips
　利食いの見込みは50%あるはず。
　このように判断したとします。
　この場合、買いますよね。そして買うと決めたら、もう変更できません。
　このことを競馬に当てはめると、2000円の勝馬投票券を買って、当たれば4000円の払い戻しがあるというのと同じです。1万通貨で20銭の勝馬投票券ですから2000円ですね。2000円分の勝馬投票券を買って、当たれば4000円戻ってくる、ということですね。最初の2000円は、自分の財布と相談してこれなら負けても大丈夫と覚悟してから先に支払います。
　競馬や宝くじだとこれは当然ですね。当たらなかったら払うから、ということで買うことなんてできません。言い換えると、2000円のリスクを取って4000円を狙いにいっているわけです。元々取っているリスクなので負けた場合も諦めがつきます。そして同じ状況があれば、躊躇なくもう一度買うでしょう。
　相場の話に戻しますとさらに下がりそうと心配になって必要以上の確認をするのではなく、
「リスクを取ってエントリーすれば、あとは相場の神様の思うようになるだけ」
「お任せするだけ」
　このような考えになります。
　そうなればエントリーを躊躇する理由がなくなります。
　「自分は、リスクを取っているよ」と思っていても、実際は相場に参加していることがリスクを取ることだと勘違いしている人がいます。ロスカット金額を完全に受け入れること、これこそが「リスクを取る」ということなのです。

☆ロスカットができると勝ちが見えてくる

　ここではロスカットについてもう少し考えてみましょう。
　私たちはエントリーする際には、必ずロスカット価格を決めてからエントリーをします。その理由は損失を限定させるためです。
　ロスカットを決めずにエントリーすると、本来ロスカットすべき価格になってもロスカットができなくなります。
　その理由というのは人間の欲なのですね。
　FXをやっている理由というのは儲けることです。
　ロスカットをするということは損をするということです。
　儲けるためにやっているFXで損をするというのは受け入れがたい出来事なのです。ロスカットは本来の目的と矛盾するからできないのです。感情が受け入れないのですね。ですから、最初にロスカット価格を決めておかないとロスカットを実行することができなくなるのです。
　損失を限定するためには必ずロスカット価格を決めてからエントリーしなければならないのです。
　私は、エントリー後、値動きを見ながら玉操作をしています。そしてロスカット価格に近づいた場合も価格の勢い等を見ながらロスカットを実行します。
　このような操作をしたほうが損失を少なくすることができ、利益が大きくなることを体験で知っているから行うことができるのです。
　しかし、慣れていないうちはロスカット価格を逆指値注文で入れておくことをおすすめします。逆指値でロスカット注文を入れておけば、その価格になると必ずロスカットが実行されます。これにより、損失を限定することができるのです。
　FXで利益を上げるということは、1回の売買で利益を上げるということではありません。1カ月を通じ、また1年を通じて利益を上げるということです。
　1回の売買においての「買った」「負けた」という感覚でやっていては年間を通じて損益をプラスにすることはできません。

ロスカットの重要性はわかっていただけたと思います。
　ここで自分の行動について振り返ってみてください。
　では、エントリー後、決めたとおりのロスカットをしようと考えていたのですがトイレに行きたくなりました。この時に逆指値のロスカット発注をしていない状態だったとしたらどうしますか？

①（トイレに行く時間は数分です。長くても５分程度なので）　価格が大きく動く可能性は低いのでロスカットも利食いも発注はせずにそのままトイレに行く。

②パソコンを見ることはできないので、急な値動きに対応するため携帯端末を持ってトイレに行く。

③逆指値のロスカット注文を入れてトイレに行く。

④トイレに行くのを我慢する。

　上記の４つの行動のうち、正しい行動はどれでしょう？
　私は③が正しい行動だと考えています。
　①のように５分程度だからそんなに価格が大きく動くことはないだろうと考えてロスカット注文を入れずにトイレに行った場合、本当に大きく動くことはないのでしょうか。
　大きく動く時というのは１〜２分で１円程度動くことだってあるのです。2015年１月15日に起きたスイスフランの急変動にあたったらどうしますか。こんな急変動は稀であり、ほとんど起こらないから大丈夫だと言い切れますか。いつこのような急変動が自分のポジションと逆に起こるのかは誰にもわからないのです。
　これはみなさんも体験からわかっていることでしょう。

トイレに行っている間に大きく動く可能性は誰にも否定できないのです。ですから、①は正しい行動とは言えません。
　②はどうでしょう？
　携帯端末をトイレに持っていけば値動きをリアルタイムで見ることは可能です。しかし、ロスカット価格になった時点で即座にロスカット注文を入れることができるでしょうか。トイレで用を足しながら冷静にロスカットすることができるでしょうか。また、携帯端末では玉操作をすることは難しいのではないでしょうか。
　よって、②も正しい行動ではないと思われます。
　③はどうでしょう。
　逆指値のロスカット注文を入れてトイレに行けば、もし、ロスカット価格にかかった場合には強制的にロスカットが実行されます。これは損失を限定することができるということです。トイレから戻ってきてロスカットにかかっていなければ注文を取り消せばいいのですね。
　この方法であれば自分の資金を守ることができます。
　③が正しい行動だと言えます。
　では、④はどうでしょう？
　トイレに行くのを我慢して場を見ているのですから自分の資金を守ることができますね。しかし、トイレに行くのを我慢してFXを行っていると冷静な判断をすることができなくなる可能性があるのです。
　早くトイレに行きたくて我慢するべき場面で我慢できずに小さな利食いをしてしまうかもしれません。トイレは我慢できるのに利食いは我慢できないという、笑うに笑えない状態になる可能性があります。
　よって、④も正しい行動ではないと考えられます。

　数分という短い時間でもパソコンの前から離れる時には必ずロスカットの逆指値注文を入れてから席を離れてくださいね。
　トイレだけではなく、コーヒーを入れにいくなどの時間も同様です。
　このことが私たちの大切な投資資金を守ることになります。
　相場を楽しむためにも必ず実行するようにしてくださいね。

●ロスカットできない理由

　ロスカットができない理由というのは、主に3つです。

1. エントリーの理由が曖昧である
2. ロスカットが大きくなって実行することができない
3. ロスカット＝負けだと思っている

　まず、一つ目です。

1. エントリーの理由が曖昧である

　例えば、上昇トレンドになっている時上値が見込めるとして買ったとします。ここでの買った理由と言うのは「上昇トレンド」ということです。
　下降トレンドであれば買っていないのですね。したがって、買った後は上昇トレンドが崩れたらロスカットしなければならないのです。つまり、上昇トレンドが崩れるポイントがロスカットポイントになります。ロスカットポイントは明確です。
　では、買った理由が「勢いにつられて買った」という場合はどうでしょう。
　買った前提は勢いがあるということです。つまりロスカットするのは勢いがなくなった時ということになりますね。勢いがなくなったらロスカットすればよいのですが、勢いがなくなるというのは、どういう状況になった時でしょう。
　勢いがなくなったという判断基準が必要なのです。判断基準が明確になっていないと、ずるずるとロスカットしないで反発を待つようになります。そしてロスカットすることができずに損失が大きくなってしまうのです。
　図14のAからDの売買ポイントは、

①トレンドを確認する
②調整を待つ
③トレンド方向に戻る時にエントリーする

図14

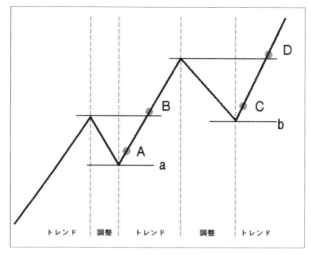

と、なっています。

　少なくとも、トレンドの動き、反トレンドの動きの2つの動きを確認した後に売買するのです。図14のA～Dは、エントリーの理由が明確なのでロスカットすることができるのです。

　次に二つ目を見てみましょう。

2．ロスカットが大きくなって実行することができない

　損失が小さなうちは、その損失を受け入れることができるのですが、損失（含み損）が大きくなると「なんとかして損失を避けることができないか」と考えるようになります。この場合もロスカットできなくなります。

　図14のエントリーポイントで見るとAとBの違いがここで出てきます。

　次ページの図15をご覧ください。

　Aで買うと、ロスカットラインは、aなのでロスカット幅は小さくすみます。

　一方Bで買うと、Bからaまでのロスカット幅が大きくなってしまいます。

　Bは前の高値のブレイク売買です。一見すると、ブレイクを確認してからの売買なので、より確実で明確なエントリーポイントであると思われるかもしれ

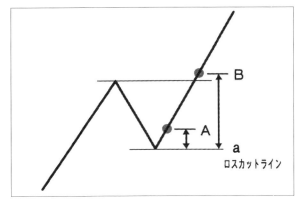

図15

ません。しかし、ブレイクの売買は難しい点が出てくるのです。

　それは、Bで買った後の動きでさらに上昇しないと利食いをすることができないということです。

　ブレイク売買では、ブレイク後にさらに上昇するのか見極める技術とロスカットをきっちりする技術が必要になります。ブレイク売買というのは上級者向けの売買なのです。

　このことは、つまり「BでのエントリーよりもAでのエントリーのほうがロスカットすることに対して抵抗が少ない」と言えます。

　論理的にロスカットする場所というのは「エントリーする前提条件が崩れたところ」これしかないのです。

　エントリーした前提条件が崩れていないのにロスカットすると、エントリー方向に価格が大きく動くと後悔します。前提条件が崩れているのにロスカットしないと、なぜエントリーをしたのかということに対して矛盾が出ます。

　Aでのエントリーは調整の後、トレンド方向に戻る時にエントリーする売買で「待ち伏せ売買」と呼びます。うまく上昇すると、大きな値幅での利食いをすることが可能です。買った後にすぐ下落したとしてもロスカットラインが近いので小さな損失で収めることが可能です。前の高値をブレイクしなかった場合でも、高値を試しに行くことが多いので高値を試しに行く段階で価格の動きの勢いを見て対応することができます。

☆利益よりも
　ロスカットを先に考えて仕掛けをする

　多くの人はエントリーをした後にはエントリーした方向に価格が動いてほしいと考えます。そして自分の希望どおりの方向に価格が動くとウキウキします。逆に動くとイライラしたりハラハラしたりします。
　どうしてこんな気持になるのでしょうか。
　それはFXをギャンブルとして見ているからではないでしょうか。
　ギャンブルだから賭けた後は結果が気になって仕方ないのです。
　FXをギャンブルではなく仕事として捉えることができればドキドキハラハラすることも少なくなります。
　では、どうすればいいのでしょうか。
　それはエントリーする前に最大でどのくらいの損失になるのかを考えるのです。自分の投資資金に対して1回の売買で最大損失がどの程度なのかを考えるのです。
　そして、その最大損失を被っても資金にほとんど影響がないようにしなければなりません。
　1回の売買の損失で資金の半分を失うようなことをしてはダメなのです。
　また、エントリーをした時には最大利益のことも考えてしまいます。
　しかし、トレードで利益を上げ続けるためには利食い価格がどこにあるかよりも先にロスカット価格がどこにあるのか、ロスカットの価格がエントリー価格から近いかどうかを判断する必要があります。
　儲けの目標値の設定というのは非常に難しいのです。エントリー後どこまで上昇するのか、下落するのかなどは「神様のみぞ知る」なのです。
　しかし、ロスカットの設定は簡単にできるのです。なぜなら、エントリーする前提条件が崩れたらロスカットをすればいいからです。
　直近安値を割り込むとチャートが崩れるとか、このポイントを割ると転換の動きになる可能性が高いなどということはエントリーする前に知ることができます。ロスカットの価格を知ることができれば最大損失を計算することができ

るのです。

　トレードで利益を上げ続けるためにはロスカットのことを先に考えて仕掛けをするのです。

　このポイントなら儲かるだろうと先に儲けを考え仕掛けた後にロスカットをどこにしようかと考えるのではありません。

　買いエントリーをしようと思っているうちに価格が大きく上昇し動きは強いということがはっきりと確認できるころには設定したロスカットの価格は遠くなっています。それでは仕掛けが遅すぎるのです。

　スウィングトレードでもデイトレードでも基本は同じです。

　エントリー時にはロスカット価格がエントリー価格に近くなるように上昇トレンドでは押し目買いをし、下降トレンドの時には戻り売りをするのです。

　移動平均線やピークボトムは押し目のメドや戻りのメドを見るためにとても役立ちます。

　トレードの本質は、

　「まだ起きていないことを価格の動きに対応・予想して、売買態度を決める」ということです

　トレンドを見極めようとすればするほど仕掛けのタイミングは遅れ、利益を出すチャンスを失います。

　トレードによる利益は、不確かな状況にあるとき、「こうであろう」と決定したときに生まれます。不確かなことにエントリーするのですから不安です。心配です。

　しかしその心配をしないことには利益は出ないのです。

　その心配や不安を少しでも小さくするために勉強をし、検証をして勝てる可能性の高いエントリー場面を判断できるようにするのです。

　そして分割売買を利用し、利益を積み上げていくのです。

☆お金の大切さについて

　ここまでロスカットは非常に大事なことだと書いてきました。
　それは自分の資金を失わないようにするためです。
　資金とはお金ですね。
　お金というのはとても大事なものです。
　「だけどお金よりも大切なものもいっぱいあるよね」
　こんな言葉をよく聞きます。お金より大切なものはあるのですが、このようなセリフを言う人に限って稼ぐことができずにお金でストレスを感じているようです。
　そして、そのストレスにより自分の人生を楽しいものにできずに行動も起こせずにいるようです。
　私もお金がすべてではないと思っていますが、今の社会お金がなければ生きていけないのも事実です。
　私たちが生きていくためには食べていかなければなりません。着るものも必要ですね。そしてゆっくりと眠れる場所も必要です。衣食住というのは生きていくために必要なものなのです。
　そして、その衣食住を満たすためにはお金が必要なのです。
　また、お金にある程度余裕があると幸せと感じることもできるのです。
　どれだけのお金があれば幸せを感じることができるのかは個人個人の生活レベルによっても違いますし、個人の考えによっても変わってきます。

●まずは、月収100万円を目指そう

　今の日本で経済的に自由だと感じるためには年収3000万円あれば十分でしょう。
　年収3000万円なんて夢の夢だと思われる方も多いと思います。現在の日本で生きている人の年収を見ると年収3000万円を超えている人はほんの一握りです。

年収3000万円というのは一般的に考えると、ちょっと現実的ではないかもしれませんね。
　でも、年収3000万円は非現実的な話ではないのです。
　「そんなことを言ったって年収3000万円以上の人なんて自分の周りにはいないよ」と思われるかもしれません。それは当たり前のことなのです。なぜかというと、人間は自分と釣り合った人としか付き合わないのです。
　自分の一番仲の良い友達3人の年収を足して3で割ると自分の年収になると言われています。つまり、自分と同等の年収の人と仲良くなるのです。
　これは裏を返すと、自分の年収とかけ離れている人とは仲良くなることはなく、挨拶をする程度の関係で終わってしまうということです。
　挨拶しかしませんからその人の年収がいくらであるかもわからないのですね。まあ、住んでいる家とか車を見るとそれなりの推測はできるかもしれませんが、家や車が高価そうだからといって年収が高いとは限りません。それらの物はその人の親のものかもしれません。
　ちょっと非現実的に感じる年収3000万円ですが、それを目指すためにもまずは手の届きそうな年収1000万円を目指していただきたいと思います。
　年収1000万円は月収にすると83万円ほどです。
　目標はちょっと上を目指すのがいいので月収100万円にしましょうか。
　月収100万円あれば普通の人がストレスなく豊かさを十分に味わえる金額だと思います。
　よほどの贅沢をしないかぎりお金に不自由することはないでしょう。

　サラリーマンをされている方が月収100万円を達成するのは非常に難しいでしょう。
　月収100万円を稼ぐためには勤めている会社で300万円以上の利益を出さなければ手にすることはできないでしょう。
　自営業の方でも普通に商売をしているだけでは月収100万円を得ることは難しいでしょう。
　同業者と同じことを行っている限り月収100万円を得ることはできません。

いろいろなことを考え実行し、お客様を楽しませ満足させ続けなければ達成することは難しいと思います。
　私たちが行っている相場の世界というのはこの月収100万円を稼ぐことができる世界です。しかし、勉強もしないで楽に月収100万円を稼ぐことはできません。相場の世界はプロを相手に勝負をしている世界です。
　あなたの損失が私の利益になっている可能性もあるのですね。
　真剣に勉強をして相場の原理原則を身につけ、自分の手法を確立し実行されている方は利益になっている可能性もあるのですね。
　ですから真剣に勉強をしてほしいのです。
　一緒に儲けていただきたいのです。
　FXという素晴らしい世界で月収100万円を手にすることは夢ではありません。
　現実です。
　これは私が実際に経験してきていることですから間違いありません。
　そしてすべてをお伝えすることはできませんが、大切なことはこの本でお伝えしています。
　真剣に勉強をして自分の手法を確立し、みんなで幸せなお金持ちになりましょうね。

☆人はアンカリングの罠にハマる

　昨年ある都市に行った時の話です。
　久しぶりに買い物をしようとある百貨店のメンズ館に行ってきました。
　1階には高級ブランド店が並んでいたのです。その中の1件である、ルイ・ヴィトンに入ってみました。
　ライティングも高級感がありますし、商品も余裕のある並べ方をしていていかにも高級なものばかりというイメージです。そして高級店ではプライスタグが見えないようにしてあるのですね。
　一緒に行った友人が1着のジャケットを見て、とても気に入ったのです。ヴィトンですから、当然それなりの価格なのだと思っています。近くの店員さんに価格を聞いてみると、さらりと「424,000円です」と言うのです。
　あまりにも普通に言うのですよ。424,000円ですよ。42万4千円！
　ジャケット1着がこの価格ですよ。いくら気に入ったからといっても、私も友人も、この価格のジャケットを買う気にはなれなかったのです。
　他の商品も見ていたのですが、靴が1足20万円オーバーであるとか、セーターが1着18万円であるとかとにかく高価なのです。
　一般の感覚でいると一桁違うのではないかと思うほどの価格設定になっているのですね。
　ルイ・ヴィトンのお店では何も買わずに店を出ました。そして次に、2階へと上っていったのです。
　2階にはプラダ、ジバンシィ、ヴァレンティノなどのブランド店がありました。ヴィトンで見たのと似たようなジャケットがありました。やはり同じようにプライスタグは付いていないので店員さんに価格を聞いてみました。
　すると25万円ということでした。25万円のジャケットですよ。普通に考えたらすごく高いですよね。しかし、先ほどヴィトンで40万円超のジャケットや20万円超の靴を見ているのです。なぜか、25万円のジャケットがめちゃくちゃ高いという感覚にはならないのです。

次に3階に行きました。

3階にはエトロ、ハイドロゲン、ダンヒル、ラルフローレンなどのお店が入っていました。そしてジャケットの価格を見ると15万円前後の品が多いのです。

「ふーん、結構安いんだな」

4階に行くと価格はさらに下落します。ジャケットは5万円から8万円です。

「おお、それなりに安いじゃん」

5階のジャケットは3万円から5万円となっています。

「これは安い、お買い得じゃない」

5階の商品を見ていると、すごく安く感じるのです。5万円のジャケットがめちゃくちゃ安く感じるのです。

ジャケットが5万円というのは決して安い金額ではありません。それなのに安く思えてしまうのです。

アンカリングという言葉を聞いたことがあると思います。

人間というのは、判断をする際には、前に見たものと比較する動物なのです。最初に高い金額のものを見せられると、後から見た少し安いものを安く感じてしまうのです。

普通の生活の中で考えると高いものでも、もっと高い金額のものを見せられた後にちょっと高いものを見せられるとそれを安く感じてしまうのですね。

世の中の商品価格にはこのような手法が用いられています。

このことはFXにおいても同じことが起こるのです。

仮に100万円の資金でFXを始めた人がいるとします。

その人にとっては、5万円の損失というのは非常に大きな損失です。

5万円というのは、100万円の資金の5％にあたります。5％の損失ということは20回連続で5万円ずつ損失を重ねると資金がなくなるのです。

これまで多くの勉強をしてきている人ならわかると思いますが、100万円の資金に対して1回の損失が5万円などということは耐えられない損失です。しかし、この人が勉強もろくにせずにトレードをして、50万円の損失を受けた

とします。

100万円の資金に対して50％の損失です。もう立ち上がることもツライ状況ですね。

それでもトレードを続けます。

トレードにはそれだけの魅力・魔力があるからです。

そして次のトレードでは10万円の損失を受けたとします。普通であれば10万円の損失というのは非常に大きな損失です。

100万円の資金であれば10％にあたります。10回連続で10万円の損失を受けると破産するのです。

しかし、50万円の損失を受けた後の10万円の損失というのは、大きく感じないのです。50万円の損失に対して1/5の損失でしかないのですね。

人間の脳というのは、このように感じてしまうものなのです。

今回のことで何が言いたいのかはおわかりですよね。

私たちはトレードにおいて、絶対に大きな損失を受け入れてはならないということです。

大きな損失になる前に小さな損失を受け入れなければならないということです。

大きな損失を受けると、その後の少し大きな損失が小さな損失に感じてしまうのです。そして、あっという間に資金がなくなり、楽しいはずの相場の世界から退場するという最悪の状況になるのです。

1回のトレードで受け入れる損失は資金の2％以内にするようにしてくださいね。100万円の資金でトレードを行うのであれば、1回のトレードにおける損失は2万円までです。

ドル円10万通貨でトレードをした場合ですと、20pipsのロスカットということになります。20pipsのロスカットなんて結構起こりえる状況です。つまり、100万円の資金では10万通貨のトレードをしてはいけないということです。

5万通貨であれば2万円の損失は40pipsのロスカットということになります。

自分の資金に対する最大許容損失額をしっかりと決めてトレードするようにしてくださいね。

☆がっちりトレンドに乗るためには

　トレンドとは、トレンド方向への動きが長く続き、値幅も大きい。
　調整(反トレンド)とは、トレンドと比べると動きが短く、値幅も小さい。
これは当然のことですよね。
　調整がトレンドよりも長く続き値幅が大きいとなると、それは調整ではなくトレンドが転換していることになりますから。
　つまり、利益につながりやすいのはトレンドに乗るということです。
　図14をもう一度ご覧ください。

図14

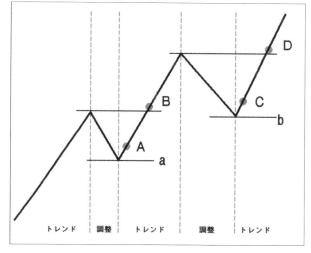

　A地点とC地点は、調整の動きを見てトレンドに戻る時にエントリーしています。
　B地点とD地点は、先の高値をブレイクした時にエントリーしています。
　Aで買うのとBで買うのとではどちらがよいのでしょうか。

ここでちょっと質問をしますね。

Q. あなたはロスカットをきっちりと実行することができますか？
Q. あなたはロスカットするのをためらわなかったことはありますか？

多くの人が2つの質問に対してNOと答えるのではないでしょうか。
　実は、**ロスカットができるようになるだけで勝てるようになる**という人がたくさんいるのです。
　つまり、利益を上げ続けるためにはロスカットできる売買をしていけばいいのです。
　利益を上げるために損をするというのが普通の生活に慣れた私たちには受け入れがたいことなのですね。
　利益を上げるということは損をしないことだと勘違いしているからです。
　FXにおいて利益を上げるということは小さなロスカットを積極的に受け入れることなのです。

☆自分に合った時間軸を見つけよう

　FXで利益を上げるためにはプレッシャーやストレスをいかに少なくするかということでした。
　ストレスを少なくするためには、自分に合った売買の時間軸を見つけるということが必要になります。自分に合わない時間軸をメインにしてトレードをするとストレスが大きくなります。
　FXに参加している人は、自分の生活状況により、トレードできる時間が限られています。FX市場は24時間開いていますが、24時間トレードをすることは不可能です。24時間トレードしていたらすごいプレッシャーに襲われ、大きなストレスがかかります。
　ここで言う時間軸とは、1回の売買にかかる時間を指しています。例えば個別銘柄の株を買って1年や2年は平気で保有し続ける人がいます。このような人たちを長期投資家と呼びますね。
　また、3カ月から半年程度で返済をする人たちを中期投資家と呼びます。さらに2週間から4週間を1サイクルとしてトレードをするスウィングトレーダー。その日のうちに必ず手仕舞いをするスタイルのトレーダーをデイトレーダーと呼びます。
　上記のトレーダーの中で一番儲かるのはどの時間軸でトレードしているトレーダーなのでしょうか。
　実は、正解というのはないのです。長期投資で儲ける人もいれば、損をする人もいます。中期投資や、スウィングトレード、デイトレードにおいても儲ける人もいれば損する人もいるのです。
　当たり前の話、どの時間軸でトレードしても勝者と敗者に分かれるのです。
　では、どのようにして自分に合った時間軸を見つければよいのでしょうか。
　それは、自分に一番ストレスのかからない時間軸でトレードをするということです。

☆どの程度の頻度で為替価格をチェックできるか

　相場環境においては、年々個人投資家の存在感が強まってきています。しかし、株主となるとそれほど個人の割合は増えていません。

　つまり、個人による株式売買自体は増えているものの、その多くは短期売買で、株式を保有している時間が非常に短いということです。

　このことから、個人投資家の多くは、短期的な株の売買益（キャピタルゲイン）には興味があるものの、長期間株を保有することによるリスクを嫌う傾向が強くなっていることがわかります。

　長期投資か短期投資家を決めるのは時代の流れや風潮ではなく、トレーダー自身です。投資の時間軸を決めるためには、しっかりとした方針を立てておく必要があります。

　年利で何％の利益を目標にするのか、FXによっていつまでにどれだけの利益が欲しいのか、ということをしっかりと決めておくべきなのです。

　そして、どの程度の頻度で為替価格をチェックできるのかを考えなくてはなりません。

　1日のうち夜しかチェックできない、朝晩1回ずつはチェックできる、起きている間1時間に1回はチェックできる、など人によって環境が違います。

　もし、数時間以上続けて為替価格をチェックできないのであればデイトレードをするのは危険ということになります。

☆ストレスを感じない時間軸の見つけ方

　ストレスのかからない時間軸を見つけるためには実際にトレードをしてみればいいのです。
　ただし、最小売買単位で行います。まだ自分の手法を身につけていないのに大きな売買単位で売買をしても損するだけです。
　1000通貨で売買できる証券会社を使用しているのであれば、1000通貨で行います。ただし、売買するルールは決めておきます。
　例えば、次のようなルールに決めたとします。
　図16をご覧ください。

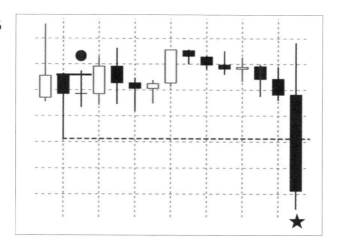

図16

○直近のローソク足の高値を越えたら買う。
○その足の安値を割ったら手仕舞いする。

　図16の●で買うということです。
　図16の★で手仕舞いするということです。
　これを各時間軸に当てはめてトレードするのです。

スキャルピングの場合	→	1分足
デイトレードの場合	→	15分足
スウィングトレードの場合	→	4時間足
中期投資の場合	→	週足
長期投資の場合	→	月足

このように時間軸によって、使うチャートの時間を変えます。

これらをすべて行ってみて、イライラ度、ドキドキ度、ハラハラ度の点数を付けます。

自分がどれだけイライラしているかドキドキしているか、ハラハラしているかを判断するのです。

イライラ度、ハラハラ度、ドキドキ度、それぞれを5段階で評価してみてください。

まったくイライラしない	→	1
ほとんどイライラする	→	2
少しイライラする	→	3
だいぶイライラする	→	4
すごくイライラする	→	5

図17をご覧ください。

図17
5段階による判断

	イライラ度	ドキドキ度	ハラハラ度	合計得点
スキャルピング	1	5	5	11
デイトレード	1	3	3	7
スウィングトレード	3	3	3	9
中期投資	5	2	2	9
長期投資	5	2	1	8

自分の結果がこのようになったとします。

　イライラ度、ドキドキ度、ハラハラ度の得点を合計してください。
　合計得点の一番低い時間軸があなたに向いている時間軸です。
　一番プレッシャーやストレスがかからない時間軸が得点の低い時間軸です。逆に得点の高い時間軸はあなたに向いていない時間軸です。得点の高い時間軸でトレードをするとFXから退場する可能性が極めて高くなります。
　5段階評価で差が出ない場合は10段階評価にしてもよいでしょう。
　自分に合った時間軸を見つけてくださいね。

☆ノスタルジー・バイアス

　「ノスタルジー・バイアス」という言葉があります。
　「ノスタルジー・バイアス」とは、過去の物事を実際以上に美化して思い出すことで、「バラ色の思い出」とも呼ばれます。
　ノスタルジーとは、「現実に起きたこと」ではなく「理想」を思い出すことで、それは理想によって加工された思い出です。私たちはうまくいかなかったトレードを、自分の力ではどうにもならない外部要因のせいにします。
　「円が上昇しないのは安倍首相のアベノミクス第3の矢が不発に終わったからダメなんだ」などと言うのですね。
　一方で、まぐれで儲かった取引の話になると、自分は天才だとうぬぼれるのです。この錯覚の問題点は、私たちが自分の能力や成功を思い出の中で過大評価すると、現在の期待まで簡単に歪んでしまうということです。
　バラ色に見えるメガネはいいものですが、それをかけていると赤い文字が見えなくなります。その結果、自己催眠にかかって過去の失敗が見えなくなり、こんな思い込みが生まれます。
　「自分は他の人よりも正しい決断ができる」
　「太らないようにしょっちゅう運動をしている」
　「いつも健康管理のため食事には気をつけている」
　ノスタルジーは素晴らしいものです。しかし、お金にかかわる決断をするときには、注意が必要ですね。
　私たちの仕事であるトレードはその最たるものです。失敗したトレードを振り返ってみてください。
　見過ごしたものがないかどうか。そして嫌なことに目をつぶったり、自分の過去の失敗をできるだけ軽く考えようとしたりする傾向がないかどうかを考えてみましょう。
　過去のトレードを冷静な感覚で見ることで、これからのトレードがより良いものにつながる可能性が高くなっていきます。

☆FXで勝つのは
ファンダメンタルかテクニカルか?

　FXでトレードをする場合には、誰もが何かを参考にしてトレードをします。ウェブで見るニュースを参考にしている人もいるでしょう。もしかしたら掲示板やSNSの投稿を参考に投資をしている人もいるかもしれません。でも、多くのトレーダーは次の2つの分析方法のうち、どちらかを参考にしているでしょう。

　それはファンダメンタル分析とテクニカル分析です。

　株式投資におけるファンダメンタル分析とは、会社の業績や事業内容を分析し、会社の経営状態の良し悪しから今後の株価の動きを予測したり経済指標を元に今後の分析をしたりすることです。FXの場合のファンダメンタル分析は各国の金融政策はどうなっているのか、金利は上昇傾向か下降傾向か、また金利が今後高くなるのか安くなるのか、通貨の供給量を増やすのかどうか。などを予測したり、実際に行われる政策によって売買を考えたりします。

　例えば、アメリカのFOMC（連邦公開市場委員会：アメリカの日銀にあたるFRB（連邦準備制度理事会）が年8回開く最高意思決定機関。アメリカの金利がここで上げられたり下げられたりします）がその期間中アメリカの金利を上げ続けたとします。8回連続で金利が上がれば、当然レートも上がるのです。これを知っているトレーダーは金利が上がればドルを買うという行動を取ります。これがファンダメンタル分析による売買です。

　一方テクニカル分析とは、過去の為替価格や値動きからパターンを探り、今後の為替価格の動きを予測する分析方法です。政策金利や失業率などを直接見ることはなく、為替価格がどのように動いているのか、今の価格は高いのか安いのかだけを分析して売買をする方法です。

　ファンダメンタル分析を行う場合には、為替価格が変動する原因を知らなければなりませんが、テクニカル分析の場合には何が原因で為替価格が動いたのかを知る必要はありません。テクニカル分析では、すべての価格変動要因は価

格に内包されると考えます。つまり、価格変動にファンダメンタルの要因も内包されるので、価格変動だけを分析することが相場分析をする上で、もっとも効率的であるという考え方です。

　ファンダメンタル分析だけでFXを行う人もいれば、テクニカル分析だけでFXを行う人もいます。株式投資ではファンダメンタル分析でのみ行う人も多いのですが、FXの場合はファンダメンタル分析でトレードをする人は少なく、大半の人はテクニカル分析でトレードを行っているようです。

　ファンダメンタル分析とテクニカル分析とではどちらが優れているかは一概に言うことはできませんが、我々のような一般投資家にファンダメンタルの情報が入ってくるのはプロの投資家よりもかなり後になるのは確かです。

　つまり、我々がファンダメンタルだけでFXをするのはプロトレーダーと比べてかなり不利であるということが言えるのです。

　テクニカル分析を使ってFXを行う場合は、プロトレーダーであろうと個人トレーダーであろうとほぼ同じタイミングで為替価格の動きを知ることができます。スウィングトレードはもちろんデイトレードを行う場合でもプロと同じタイミングで為替価格の動きを知ることができるのです。

　テクニカル分析であればプロも個人トレーダーも同条件でトレードを行うことができるのです。

　この本ではファンダメンタル分析による手法ではなくテクニカル分析による手法を使い、FXで利益を上げていく方法を書いています。

　我々個人トレーダーがFXを行う場合に、ファンダメンタル分析とテクニカル分析を比べて場合に、勝つのはどっちか？　と問われれば、私は迷わずにテクニカル分析だと答えます。

第5章

FXで一番有効な
テクニカル指標は?

☆為替価格の波動
（風向き）を知ることから始める

　何かを行っている時に、うまくいくときは追い風になっていると言います。逆にうまくいかない時は逆風が吹いていると言います。

　私たちは自分に起こる良いこと悪いことに対して自然現象で起こることを比喩として使うことが多々あります。うまくいくことを波に乗るなどとも言いますね。うまくいかない時は波に乗り損ねたと言います。

　私たちの日常生活には、波というものがたくさん関わっています。海の波はもちろんのこと、ラジオ、テレビ、電話、その他の通信機器では「電波」という波が飛び交っています。これらの波の動きを「波動」と言います。

　波動は「周波数」「波長」「波形」「振幅」という4つの要素で把握・認識されています。そしてその無数の波動のうち波動の形態は「物質波」「電磁波」「磁気波」の3種類があります。

　この世の中の物質は、有機質でも無機質でもすべての物は分子の集合体でできています。このことは中学校で習っているのでみなさんご存知ですよね。

　例えば、「水」という物質はH_2Oと表示します。2個のH（水素原子）と1個のO（酸素原子）が結合してできています。

　原子はそれぞれ「原子価」という手を持っていて、他の原子といくつ結合できるかが決まっています。Oは2つの手を持っていてHはひとつの手しか持っていないのでH_2Oになります。

　現在の科学では高性能の電子顕微鏡で見られる限界は原子までです。しかし、原子を見ることはできるのですが、原子を持つことはできないのです。

　原子は、原子核の周りを電子が飛び回ってできています。原子核という物質（粒子）が野球のボールくらいの大きさだとすると、その周りを飛び回る電子の外周軌道は東京ドームの大きさに匹敵するのです。つまり、原子のほとんどは空間なのです。

　原子というものは「もや」のようなものなのです。その「もや」のような空間を電子が飛び回っているだけなのです。

この原子核や電子はエネルギーの固まりです。つまりエネルギーとは波なのです。この世の中のものはすべてエネルギーを持っていますのですべての物が波でできているということになります。そして、その波は波動を作っています。FXのチャートも波を描きながら動いていきます。まさに波動そのものなのですね。

　この世の中の物が全て波動でできているのですから、FXの波動を見極めることができれば今後の為替価格がどう動くのかは簡単にわかるのではないでしょうか。

　為替価格の波は、上昇下落を繰り返しながらトレンドを形成していきます。

☆チャートを見る重要な順番

　FXを行っている多くの人はファンダメンタルでなくテクニカル分析での売買を行っているでしょう。テクニカル分析をしているということは、チャートを見て買うのか売るのか、また利食いするのか、ロスカットするのかを決めているということでしょう。
　トレードするためのチャートには人それぞれ、お気に入りの指標を表示させていると思います。
　一目均衡表を表示させ判断のメインに使っている人、ボリンジャーバンドを使ってトレードする人、RSIをメイン指標としてトレードする人、MACDをメイン指標としてトレードする人、移動平均線を使ってトレードする人。
　ローソク足だけを表示させてトレードしている人は非常に少ないでしょう。多くの人は複数のテクニカル指標を表示させていると思います。
　次の図18をご覧ください。

図18

チャート上には、ローソク足、移動平均線、ボリンジャーバンド、MACD、RSIと多くの指標が表示されています。

　では、これだけ多くの指標が表示されている中で、どの指標が重要なのでしょうか。移動平均線が下向きになっているとすれば下降しているのだから下有利で売れると考えることになります。

　RSIが売られすぎから反発し上昇すれば、上有利になってきたと考えることになります。移動平均線とRSIの判断が逆になっている場合は、どちらを優先して判断するのでしょうか。

　どの指標に対しても同じ割合で判断をしていては、買いなのか売りなのか判断できなくなってしまいます。

　チャートに表示されている指標は見る順番というものがあるのです。

　重要度が違うということです。

☆ズバリ、一番重要な指標とは

　「えっ？」と思われる方もいるかもしれませんが、どんな指標よりも先に見るものは、価格です。価格の動きがなければどんな指標も数値で表すことはできないのです。私たちは、価格を元にトレードをするのです。
　価格の情報を描画しているテクニカルと言えば、「ローソク足」です。
　「ローソク足」は非常に優れたテクニカル指標で、相場の動きから強さまで教えてくれる強い味方です。
　価格の動きを見るテクニカル指標では他に「バー足」や「ライン足」などがあります。
　図19が「バー足」、図20が「ライン足」になります。
　これらの表示は日本ではあまり馴染みがないのですが、アメリカなどのチャートでは「バー足」が一般的になっています。
　二番目に重要なのは「ローソク足」等と同じ場所に描かれるテクニカル指標です。代表的なものには「移動平均線」があります。これは誰もが知っているテクニカル指標です。
　「移動平均線」の他には「カギ足」や「ボリンジャーバンド」「一目均衡表」などがあります。「一目均衡表」は日本のトレーダーにはかなり好まれているテクニカル指標です。
　そして三番目が「ローソク足」の下に描かれるテクニカル指標です。「RSI」や「MACD」などがそれに当たります。
　「RSI」などのテクニカル指標を非常に重視する人がいますが、これらはあまり重要ではないのです。一番重視しなければならないのは価格の動きなのですね。高値が切り上がっているか、切り下がっているか、直近高値までどのくらいの価格まで迫っているのか、調整の時間は十分なのか、支持になる価格抵抗になる価格はどこか。これらの情報が一番重要なのです。
　私は価格の動きと移動平均線だけでも利益を上げることができると思っています。それほど価格の動きというのは重要なのです。

図19

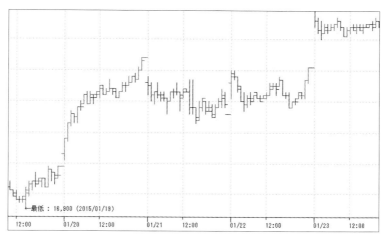

図20

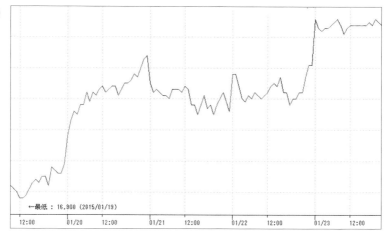

第5章　FXで一番有効なテクニカル指標は？

☆トレンドは指標ではなく、為替価格の動きで特定する

ここではトレンドの定義についてお話します。
○「トレンド」とは、ある一定期間において、ある一定方向に為替価格が動くことを言います。
○「トレンド」とは、常に時間との比較によって定義されます。
○「トレンド」には、上昇トレンド（図21）、下降トレンド（図22）、横ばいのトレンド（図23）の3つがあります。

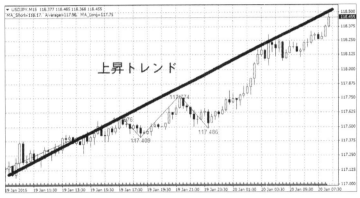

図21 上昇トレンド

図22 下降トレンド

※一般的に「横ばいのトレンド」のことを「トレンドレス」と呼びます。トレンドレスとは、トレンドがない状態のことです。

　FXでは順張りでも逆張りでも上昇や下落がなければ利益を得ることはできません。上昇トレンドの時には買い仕掛け、下降トレンドの時には売り仕掛けをすれば利益を上げることができます。しかし、横ばいのトレンドの時に仕掛けても利益には結び付きません。

　トレンドというのは当日のトレンド、過去5日間のトレンド、過去1カ月のトレンド、過去1年間のトレンドなどのようにすべての時間軸において発生します。

　スウィングトレードの場合には過去1カ月程度のトレンドを利用することが多いですが、デイトレードの場合には、そこまでの長い期間のトレンドをメインに利用する必要はありません。

　自分がどのようなトレードをするかによって、トレンドを特定する時間軸を選択することになります。

　では、トレンドはどのように判断すればいいのでしょうか。

　これは極めて重要な問題です。多数ある指標の中からトレンドの方向性を特定する指標を選ぶことになります。しかし、同じ為替価格の動きをしていても指標によって上昇トレンドだったり、横ばいのトレンドだったりすることがあります。よって、トレンドを特定するための基本は指標で特定するのではなく為替価格の動きで特定するのです。

☆為替価格は
　75日移動平均線を基本に動いている

　移動平均線というのは、多くのトレーダーが知っている指標です。

　あなたがいつもトレードしているチャートにもほぼ間違いなく移動平均線が表示されていることでしょう。

　実はこの移動平均線というのは多くの利益を私たちにもたらしてくれる強い味方なのです。いつも一緒にいたい愛するパートナーのような存在なのです。

　図24をご覧ください。

図24

　このチャートは2014年7月14日から2015年1月20日までのドル円の日足チャートです。

　トレンドは上昇トレンドであり、為替価格はジグザグを描きながらキレイな上昇をしています。

　表示している移動平均線は75日移動平均線です。

チャート上には丸で囲っている部分が3つあります。

この丸と為替価格の関係に注目してください。

一番左の丸は103.08円から下落した価格が101.50円で止まっている場所です。

価格は75日移動平均線を下ヒゲの長い足で下回った後反発し、トレンド方向への動きへと戻っています。

真ん中の丸の時点では110.08円からの下落は105.18円で下げ止まって反発しトレンド方向への動きに戻っています。この時の75日移動平均線は105.28円です。しっかりと75日移動平均線タッチで反発上昇となりました。

一番右の丸の時点では120.81円の高値からもみ合いになった後下落し、75日移動平均線にタッチとなりました。3日間75日移動平均線近辺での動きになりましたが、タッチしてから4日目にはトレンド方向への動きに戻り上昇開始となっているようです。

このように75日移動平均線というのは、強い支持線として機能することが多いのです。

為替価格は75日移動平均線については離れ、ついては離れを繰り返して上昇トレンドを形成していきます。

たまにケンカをして距離を置くがしばらくするとまた近くになる。そしてまた離れては近づく、まるで恋人たちのようですよね。

為替価格はどの時間軸においても75本移動平均線を基本に上下動を繰り返します。上昇トレンドから下降トレンドに転換する時は、75日移動平均線で下げ止まらずに上から下に75日移動平均線を割り込み下落転換します。

下落転換した後は、今まで支持線として機能していた75日移動平均線は支持線から抵抗線へと姿を変えるのです。

つまり、トレードをする際には次のことを考えてトレードをすれば勝てる可能性が高くなるということです。

①為替価格が75本移動平均線よりも上に位置しているときは買いのみを考える。

②為替価格が75本移動平均線よりも下に位置しているときは売りのみを考える。

ということです。

ただし、上昇トレンドの時の調整（下落）が必ず75本移動平均線までの調整になるということではありません。

図の一番右の丸の前の調整では121.83円からの下落は75日移動平均線まで下落せずに115.55円で下げ止まり反発上昇しています。

75日移動平均線までの調整は基本的な動きとして覚えておいてください。非常に強い上昇トレンドが起きている時は75日移動平均線まで押さずに調整は終了します。逆にさほど強くない上昇トレンドの時には75日移動平均線を割り込んだ後に反発することになります。

下降トレンドから上昇トレンドに転換した後の最初の調整は75本移動平均線までの調整になることが多いのです。転換後の75本移動平均線までの下落は買いのチャンスということになります。

☆長所伸展の法則

　私は好きなことをするのが得意です。嫌いなことをするのが苦手です。
　みなさんはいかがでしょうか。
　好きなことをするのが苦手な人っていますか。
　いませんよね。
　好きなことは夢中になってやってしまうと思います。
　ちょっと学生時代のことを思い出してみてください。テストの成績が次のようだったとします。
　国語75点、数学80点、英語35点、物理20点。
　英語と物理は赤点ですね。このままだと留年しちゃいます。日本の学校ではこのような点数を取った生徒に対してどのような指導をするのかと言えば、英語と物理の点数が悪いのでこの2教科を集中的に勉強して50点以上取れるようにしましょう。国語と数学は及第点なので、現状維持でもいいですね。というような指導をする先生が多いようです。
　家庭でも同じように「英語と物理がだめじゃない。もっと頑張ろうね」なんて声をかけているのではないでしょうか。
　本人は英語と物理は苦手なのです。苦手なものをたくさんやってもおもしろくないのです。楽しくないのです。
　そして楽しくないのですから、真剣になれないのです。結果として、いくら頑張って勉強してもなんとか赤点を免れる程度の点数しか取れないでしょう。
　これを次のような指導にしたらどうなるでしょう。
　「英語と物理の勉強はしなくていいよ」
　「君の得意な国語と数学の勉強だけやろう」
　「そして、両方ともに90点取れるようにしないかい」
　この指導方法であれば本人も俄然やる気になるのではないでしょうか。
　得意なことは好きなことなのです。好きなことは夢中になってやってしまうのです。時間など忘れて打ち込んでしまうのです。

その結果として国語、数学ともに100点なんてことが起こるかもしれませんね。

　経営コンサルタントという職業があります。優れた経営コンサルタントは顧問先企業の欠点を指摘したりはしません。問題点をあげて、それを指摘することは誰にでもできるのです。コンサルタント先の企業が欠点を指摘されたことにより良くなることはまずあり得ないのです。
　まずはその企業の長所探しから始めるのです。そして優秀なコンサルタントほど長所を見つけるのが上手いのです。
　全体として低調な企業であっても何かしら一つくらいは売れている商品があるのではないか、たとえ業績の悪い会社であってもその会社を何とか支えている部門があるのではないか、もしかしたら店舗の立地条件の中に思わぬ長所が隠れているのではないか。このようにあらゆる角度からその企業を分析していって、何か一つでも長所を探し出そうとします。
　そして長所が見つかったら自分の持てる限りの知恵を絞り、とにかくその長所を伸ばしていく方法を考えるのです。
　すると、ほぼ100％の確率でその企業の業績はアップしていくそうです。
　これは信じられないかもしれませんが、東証一部上場の船井総合研究所が実際に行っている方法なのです。そして船井総合研究所はこの方法でほぼ100％業績を上げることに成功しています。

☆テクニカルは移動平均線に始まって、移動平均線に終わる

　この長所伸展法は企業だけではなく人間にも共通するものなのです。世の中がどんなに変化しても変わることのない法則なのです。

　人間の場合にはまず、本人にどこが長所かを聞きます。

　長所がわからないという人には、両親が得意だったもの、次に兄弟がどんな長所を持っているか、さらにはおじさんやおばさん、従兄弟などの親戚にまで広げて探してもらうのです。

　ここまでやれば必ず思い当たるものがあるはずなのです。

　この時点では自分の長所と言えるかどうかわからないけれど、彼らがやっていたことの中に一つくらいは、これなら自分も好きだしやってみたい、ということが見つかるでしょう。

　それでもダメな場合には、何でも構わないのでとにかく文句を言わずに、真剣に全身全霊をかけて打ち込むのです。そうすれば密度の濃い時間を過ごすことができるようになります。

　ここまで自分を追い込むことができれば嫌でも自分の得意なもの、やってみたいものというのが誰にでも見えてきます。これで見えないとしたら、それは真剣に取り組んでいないということです。

　仕事でもここまで打ち込んでみた経験のある人はほとんどいないのではないでしょうか。

　FXでもファンダメンタルを得意とするトレーダーもいれば、テクニカルを得意とするトレーダーもいます。

　この本にはファンダメンタルのことは書いていませんのでテクニカルを得意とするトレーダーに向けて書いています。

　テクニカル分析の代表ツールと言えば「移動平均線」です。

　移動平均線について全身全霊をかけて勉強した人はどれだけいるでしょう。

　移動平均線のことは知っていても、「単なる為替価格の平均だろ」くらいにしか思っていない人が多数なのではないでしょうか。

「釣りはヘラブナ釣りに始まって、ヘラブナ釣りに終わる」という例えがあります。
　移動平均線というのは、テクニカルにおいては「移動平均線に始まって、移動平均線に終わる」というくらい重要なものなのです。
　FXを始めて間もない頃に見る移動平均線と、研究に研究を重ねたうえで使いこなすことができるようになった移動平均線とでは、言葉は同じでも実は深みがまったく違っているのです。
　為替価格が移動平均線の上にあるときは強い動きなのか、弱い動きなのか。
　価格と移動平均線が大きく乖離しているときは強いのか、弱いのか。
　移動平均線は何日の移動平均線が重要なのか。
　複数の移動平均線で作られた帯が収斂しているときは強いのか、弱いのか。
　逆に拡散しているときはどうなのか。
　移動平均線が上向きになっているときは強いのか、弱いのか。
　ちょっと例をあげるだけでこれほど多くのことが浮かびます。
　移動平均線というのはとても多くのことを教えてくれるのですね。

☆移動平均線はどうなると
　上向き（下向き）になる？

ここで一つの問題を出しますね。
図25のチャートをご覧ください。

図25

チャートは東京市場の円相場のチャートです。期間は2014年9月16日から2015年1月20日までとなっています。

このチャートにはローソク足と75日移動平均線が描画されています。そして75日移動平均線は現在※上向きになっています。

※上向きとは当日の移動平均線の値が前日の移動平均線の値よりも高いことを言う。

では、この移動平均線が下向きになるのはどのような状況になったときでし

ょうか。

　翌日の価格がいくらになると移動平均線は下向きになるのでしょうか。

　価格が移動平均線の下になれば移動平均線は下向きになると思っている人もいるでしょう。

　現在の75日移動平均線の値は114.73円です。

　価格が移動平均線の下になるということは114.72円以下であれば移動平均線よりも下ですね。

　仮に翌日の4本値が次のようだったとします。

　始値113.75円、高値113.80円、安値113.35円、終値113.50円。

　移動平均線の基準価格は終値になりますから113.50円は移動平均線の値よりもかなり低い数値です。

　この4本値をチャートに加えてみましょう。

　図26をご覧ください。

図26

　前日の移動平均線の値は114.73円でした。新たな4本値を加えたチャートの

移動平均線の値は114.79円です。移動平均線は下向きにはなりませんでした。

つまり、株価が移動平均線の下になっただけでは移動平均線は下向きにはならないのです。

では、移動平均線からどのくらい下になったら下向きになるのでしょうか。

このことを明確に答えられる人は非常に少ないと思います。

図27のチャートをご覧ください。

図27

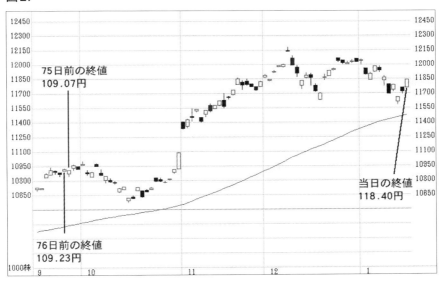

先ほどのチャートに76日前の終値と75日前の終値、当日の終値を書いています。75日前の終値は109.07円です。76日前の終値は109.23円です。当日の終値は118.40円です。

移動平均線の値とは一定期間の終値の平均値ということになります。つまり、75日移動平均線の値は過去75日間の終値の平均ということですね。

この75日前と76日前の終値というのは重要なのです。

実は、75日移動平均線が上向き、つまり上昇しているときは当日を1日目と

してさかのぼって76日前の終値より今日の終値が高いということになるのです。実際の76日前の終値は109.23円で一番右の足の当日の終値は118.40円です。

この75日移動平均線が上向きになっているときは、当日の終値118.40円は76日前の終値109.23円よりも高い価格になっているという非常に単純なことなのです。

75日移動平均線というのは過去75日間の終値の平均です。つまり、翌日になると75日前の終値が外れて、新たな終値が追加されるのです。

75日移動平均線が下落するのは、外れる終値（75日前の終値）のほうが、新たに追加される終値よりも高いときです。

逆に75日移動平均線が下向きから上向きに変わるときは、外れる終値（75日前の終値）が追加される終値よりも安いときです。

このことにより、75日前の終値と明日の終値の予想から75日移動平均線が上を向くのか下を向くのかを知ることができるのですね。

試しに次の4本値を追加してみましょう。

始値109.50円、高値109.77円、安値108.90円、終値108.95円。

図28をご覧ください。

図28

先ほどの図で75日前の終値だった109.07円が76日前になりました。

そして当日の終値は108.95円です。

76日前の終値よりも当日の終値が12銭安いということになります。

では、当日と前日の移動平均線の値を見てみましょう。

前日の移動平均線の値は114.7283円でした。

新たな4本値を入力した当日の移動平均線の値は114.7267円です。

0.16銭ですが、前日の値よりも低くなっています。

つまり、移動平均線は上向きから下向きに転換したということです。

実際の動きでは翌日にこのような大きな下落になることはまずあり得ません。

つまり、このチャートでは上向きの移動平均線が下向きになるにはある程度の日数をかけて下落しなければならないということです。

為替価格と移動平均線の関係を見るだけで、今は強い動きをしているので上を見ていくことができるという判断ができるのですね。

FXの勉強を始めたばかりの頃には75日前の終値で移動平均線の向きが決まるということはほとんどの人が知らないでしょう。長くFXをしていてもこのことを知らない人はかなり多いのではないでしょうか。

●ひとつのテクニカルを突き詰めれば、生き残っていける

大切なのは、ひとつのテクニカルをとことん研究することです。

このように移動平均線ひとつを取ってみてもいろいろなことがわかるのです。

移動平均線だけをとことん突き詰めていけば、それだけでFXの世界で生き残っていくことも可能だと思います。

これが長所伸展の法則なのですね。

得意とするテクニカルは移動平均線にする必要はありません。

RSIでもMACDでも構いません。とにかく、トコトン研究して誰にも負けないくらいの知識を得ることです。そしてそれを実行すれば、必ずあなたの証券口座の金額が増えていきます。

知識だけを得ても実行しなければダメですよ。実行というのは、非常に大切なものです。

ひとつのテクニカルを研究し、すばらしいアイデアが浮かんだとします。
　どんなに良いアイデアが浮かんだとしても、それを実行しなければ証券口座の金額は増えません。
　実行しなければ現実化されることはないのです。
　例えば、知らない土地に遊びに行ったとき、目的地がわからずに地元の人に道を聞いたとします。その道順をどんなに丁寧に詳しく説明してもらっても、教えてもらったとおりに実際に行かなければ目的地にたどり着くことはできません。
　当たり前の話ですよね。
　でも、この当たり前の話が仕事におけるアイデアとか自分の夢に向かった行動になると疎かにされてしまうのです。
　理屈ではわかっているのだけれど、実行が伴わない人が多いようです。実行というものがいつのまにか自分の中であやふやになってしまっているのです。
　FXを始めた頃は、「これで億の金を稼ぐんだ。フェラーリに乗ってブイブイ言わせるぜ！」なんて言っていたのにある程度経験を積んでも利益が上がっていかないと、当初の夢は現実化されずに「億の金なんて夢なんだよな。夢は見るものだ。夢はつかめないから夢なんだ」なんてことを言うようになるのです。
　「実行する」いう言葉の中にはとても深く、重要な意味合いが含まれています。「実行する」は「実際に行く」ということです。「実際に行う」ということです。
　このことに気づいた人は何歳になっても自分の夢に向かって実行することができるのです。
　長所を伸ばし、実行することで夢を叶えることができるのです。
　私たちの生きている地球という星は行動しないと結果が出ない星なのですから。

☆チャートの設定例

　チャートを見る順番がわかったところで、ここでは私の使っているチャートをご紹介します。
　これは私が使いやすいと感じて使っているだけですから、ご自身で使いやすいテクニカル指標やパラメータを使用している人はそれを使い続けてくださいね。
　チャート上にはどんなテクニカル指標を表示していてもよいのですが、日によって見る指標が違うとか、日によって指標のパラメータを変えるなどせずに決まった指標で決まったパラメータで見るのがよいと思います。それはなぜかというと、その時の価格の動きに合わせて最適だと思われるパラメータに変更していると聖杯探しになってしまうのです。すべての動きに対応するテクニカル指標はありませんし、すべての動きに対応するパラメータもありません。
　完璧なテクニカル指標など存在しないのですから、自分が決めたテクニカル指標とパラメータを使い、その指標の癖を覚えたほうが実際のトレードには役立ちます。
　図29をご覧ください。

図29

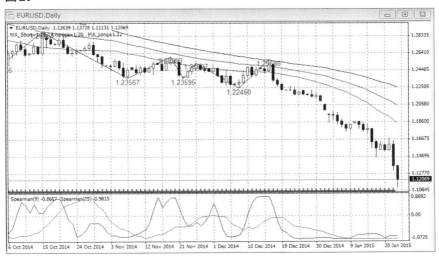

私が表示しているテクニカル指標は、

①ローソク足
②25本移動平均線
　75本移動平均線
　（25本移動平均線＋75本移動平均線）÷2
③3本高値平均安値平均を使用して求めたピークボトム
④9本RCI
　25本RCI

以上になります。
すごくシンプルでしょ。
FXにおいては、多くのテクニカル指標を使用すれば勝てるというわけではないのです。
自分の使いやすいシンプルなチャートが一番良いと思います。
ローソク足の色は見やすいように陽線は実体の塗りつぶしはなしの赤にしています。陰線は黒で塗りつぶして使用しています。赤を塗りつぶすと、目が疲れるように感じるので実体の塗りつぶしはしていません。
同様に背景色も見やすいように白にしています。まっ白だと目が疲れるので薄い黄色等にしてもよいのですが、私はモニターの明るさを控えめにしています。さらに、ブルーライトカットソフトを使い、目に優しい仕様にしています。

ここにあげたチャートの設定は参考ですので、ご自身の使いやすい環境を見つけてくださいね。

☆為替価格の高値安値を使用する
　トレンド判断の方法

ここでは、為替価格を使ったトレンド判断を見ていくことにしましょう。
上昇トレンド、下降トレンドの定義は次のようになります。

○上昇トレンドとは、高値が切り上がり、安値も切り上がっている状態です。

○下降トレンドとは、高値が切り下がり、安値も切り下がっている状態です。

図30をご覧ください。

図30

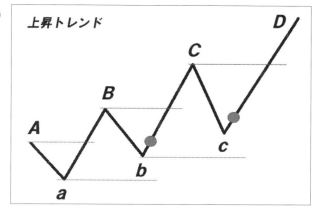

上昇トレンドを表している図です。
高値はA－B－C－Dと切り上がっています。
安値もa－b－cと切り上がっています。
そして押し目買いをするのは丸が付いている場所です。

A−Bで高値が切り上がり、a−bで安値が切り上がり上昇トレンドと判断することができます。
　bからの上昇で付いている丸は上昇トレンドになった後の最初の上昇波動です。
　B−bの動きはa−Bの上昇に対する調整（押し目）になります。
　押し目買いをするというのは、下落中に買うことではありません。
　下落が止まり調整終了となり、上昇開始となった時点で買うのです。
　cの後の丸は、上昇トレンド中のb−Cの上昇に対する調整後の下落が止まり調整終了となった後の上昇開始地点です。
　このように上昇トレンド中は上昇トレンドが続く限り押し目を買っていけば利益につなげることができるのです。
　図31をご覧ください。

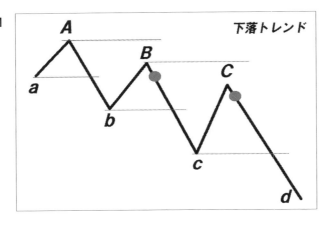

図31　下落トレンド

　下降トレンドを表している図です。
　高値はA−B−Cと切り下がっています。
　安値もa−b−c−dと切り下がっています。
　そして戻り売りをするのは丸が付いている場所です。
　a−bで安値が切り下がり、A−Bで高値が切り下がり下降トレンドと判断することができます。

Bからの下落で付いている丸は下降トレンドになった後の最初の下落波動です。
　b－Bの動きはA－bの下落に対する調整（戻し）になります。
　戻り売りをするというのは、上昇中に売ることではありません。
　上昇が止まり調整終了となり、下落開始となった時点で売るのです。
　Cの後の丸は下降トレンド中のB－cの下落に対する調整後の上昇が止まり調整終了となった後の下落開始地点です。
　このように下降トレンド中は下降トレンドが続く限り戻しを売っていけば利益につなげることができるのです。

　このような原理原則を守らないからFXをしていて損失を出すことになるのです。
　明確な判断ができないトレーダーは、上昇トレンドなのに二番天井だからと言って売ったり、下降トレンドなのに突っ込み買いだと言って買いに入ったりするのです。
　そのたびに損失を膨らまし、自分の大切な資金を失っていきます。そして最後にはFXの世界からいなくなるのです。
　このように図で見るとトレードってとっても簡単ですぐにでも利益になるように感じますよね。
　しかし、実際に動いているチャートになるとこのとおりに売買をすることができない人が多いのですね。
　誰もが簡単に儲かるのであれば、FXをやっている人全員がお金持ちになっているはずなのです。それなのに実際は参加者のうち9割もの人が損をしているというのですからFXっておもしろいし、厳しい世界ですよね。
　FXは厳しい世界なのですが、しっかりと基本を勉強すればおもしろくて楽しい世界に変わってきますよ。

☆為替価格の高値・安値の判断方法

ここでは為替価格の高値安値の判断方法について書いていきます。
図32をご覧ください。

図では見づらいので各記号の為替価格を書いておきます。

A　115.55円
B　117.75円
C　116.22円
D　118.99円
E　118.24円
F　120.81円
G　120.14円

このチャートのAの115.55円で買って、Bの117.75円で返済すれば220pipsの利

益を得ることができます。1万通貨での取引をした場合ですと22000円の利益になります。同様にBの117.75円で売ってCの116.22円で返済すると153pipsの利益になり、1万通貨の取引であれば15300円の利益を得られます。Cで買ってDで返済。Dで売ってEで返済。Eで買ってFで返済。Fで売ってGで返済。これらもすべて利益になります。こうしてみるとFXなんてすごく簡単だと思えるのです。

　しか〜し！！！！！

　誰がAの地点が安値だとわかるのでしょうか。Bが高値だとわかるのでしょうか。このチャートではGの後まで載っていますが、実際にリアルで動いているチャートの右端が高値になるか安値になるかは誰にもわからないのです。Gの後の高値がいくらになるかは誰にもわかりませんよね。よって、Aの時点でAが安値になるとはわかりません。高値や安値は後になってからわかるものなのです。

　このチャートで使っている高値・安値の求め方は、高値3本平均と安値3本を使用して求めています。

○ボトムが確定するのは直近高値3本平均の最安値を安値3日平均が上回った時点となります。
○ピークが確定するのは直近安値3本平均の最高値を高値3日平均が下回った時点となります。

　この文章だけを見てもどうやって高値安値を求めているのかわからないという人がほとんどでしょう。これを説明するにはそれなりのページ数が必要になります。この求め方を覚えるだけでも数時間かかってしまうかもしれませんので、ここでは詳しく説明することはしません。詳しく知りたい方は、私のブログに載っていますのでご覧ください。

　また、本書をご購入いただいた方には、特典としてMT4で使用できるピークボトムの設定ファイルを無料でプレゼントさせていただきます。ピークボトムファイルをMT4に設定していただくと図32に表示してあるように高値と安値をラインで結び高値と安値の数値が表示されるようになります。設定ファイルプレゼントのお申込み方法は「おわりに」に記入してありますのでご覧ください。

☆トレンド転換の考え方

上昇トレンドで買う理由をもうひとつあげます。図33と図34をご覧ください。

図33

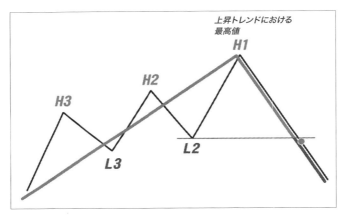

図34

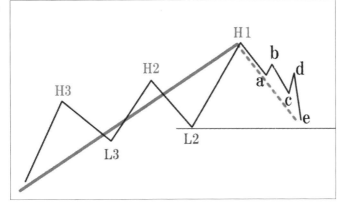

ここでは通常の高値安値を使ったトレンド判断とは少し違う重要な高値と安値を使ったトレンド判断を載せます。

　トレンドとはいくつかの波動がつながって出来上がります。図33の上昇線L3→H2、L2→H1は上昇トレンドにある場合の重要な上昇波動となります。この図でもっとも利益が大きいトレードはもちろんL3付近で買ってH2付近で利食い、L2付近で買ってH1付近で利食いです。

　万が一、L3で買うのをためらいH2付近で買ったとしてもL2がL3を割り込んでいないので上昇トレンドは継続しH1付近で利食いすることができます。

　図34ではまだL2を割り込んでいないので重要なピークボトムによるトレンド判断において上昇トレンドは継続、eは現在進行中であり今後L2を割り込むことなく上昇すれば上昇トレンドは継続します。

　しかしL2を割り込んでくると上昇トレンドは終了し、下降トレンドに突入となります。相場が上昇トレンドであるときは、その相場で買いに入ったトレーダーは全員が利食いできる環境を与えられます。つまり、買いのトレーダーが利食いできない環境になったときに上昇トレンドが終了し下降トレンドに入ったと言えるのです。

　すなわち、L2を割り込む直前の高値H1が重要なピークであるということです。

　このことは非常に単純なことなのですが、このことを理解していないトレーダーが多いのにはちょっと驚きます。これがわかれば下降トレンドで買おうという気持ちになんてならないでしょう。

●下降トレンドから上昇トレンドへの転換を示す2パターン

　上昇トレンドが利益を上げられるパターンであることがわかりました。
　では次に、下降トレンドから上昇トレンドに転換する場合のパターンを見てみましょう。　上昇トレンドに転換するパターンを理解できればFXにおいて利益を上げられる可能性が非常に高くなります。下降トレンドから上昇トレンドに転換するということは直近高値がひとつ前の高値を切り上げ、さらに直近安

値がひとつ前の安値を切り上げるということでしたね。

この高値切り上げ・安値切り上げには2種類のパターンがあります。

図を見ながら説明します。図35をご覧ください。

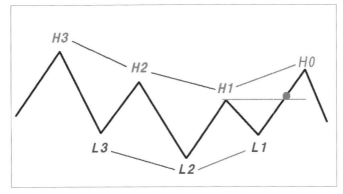
図35

H3 → H2 → H1 と高値が連続して切り下がっています。そして安値は、L3 → L2 と切り下がっています。安値をL2 → L1と切り上げた後、価格はH1を上回りH0まで上昇し、反落します。

まずL2 → L1と安値の切り上げが確定しその後 H1 → H0と高値の切り上げが確定します。

H0で高値確定と書きましたが、実際には高値切り上げ・安値切り上げが確定する時点は丸で示している場所です。黒丸の後、どこまで上昇するかはわかりません。実際は丸のあとすぐにH0をつけ反落する場合もあります。

H0からの下落でH0が確定しますが、H0の確定を待たずにH1の高値を上抜いた時点でトレンドの転換が確定するのです。

では、もう一つのトレンド転換を見てみましょう。

図36をご覧ください。

図36

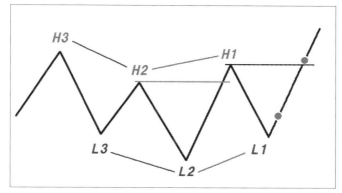

　H3 → H2と高値を切り下げます。その後L3 → L2と安値も切り下げます。安値が切り下がった後にH2 → H1と高値を切り上げ、続いてL2 → L1と安値を切り上げL1からの上昇でH1を上抜き高値切り上げ安値切り上げが確定します。L1の後の上昇でH1を上抜かずにL1を下抜く動きになると下降トレンドへ逆戻りとなってしまいます。このパターンの場合はH1を上抜いた時点で買うのでは遅すぎます。

　L1のボトムが確認できた時点で買うと大きな利益を得られることになります。

　お気づきだとは思いますが、図35の転換ではL2 → H1 → L1という3点で上昇トレンドに転換するのに対し、図36ではH2 → L2 → H1 → L1という4点を経てはじめて上昇トレンドに転換するのです。

　図36のパターンのほうがより早く上昇トレンドへの転換を察知できるのです。

　この2つのパターンをしっかりと頭に入れてトレンド転換を判断するようにしてくださいね。

☆全体の80%を占めるトレンドレス

　トレンドには3つのトレンドがありますが、利益に結びつくトレンドは上昇トレンドと下降トレンドです。
　横ばいのトレンドは利益には結びつきません。そしてその利益に結びつかない横ばいのトレンドというのはすべてのトレンドの約80%を占めています。
　私たちが利益を上げられるチャンスというのは全体の20%程度しかないということなのです。
　このことをどのように捉えるかによってFXに向き合う姿勢が変わってきます。
　「相場は相手との戦いだ。そしてその相場で儲けるチャンスは20%しかない。その20%のチャンスはいつくるのかわからないから、その20%がくるのをパソコンの前で待ち続けよう」と考えるか。
　「相場とは戦いではなく流れに逆らわずに自然と向き合うようにするのが楽しいな。そして自分の利益になる流れがくるのは全体の20%なのだから残りの80%の時間は逆らって売買をしてもしょうがない。そんなことをしても自分も嬉しくないし、相場さんも喜ばないだろうな。それならその80%の時間はトレード以外の自分の好きなことに使おう」と考えるか。
　相場さんと「いい加減で適当」な付き合いをしていけば、全体の80%の時間は自由に使うことができるのですね。
　自由に使える時間はドライブをしたりショッピングをしたりできる時間になるのです。そして、なによりストレスとは無縁になります。自由な時間が増え、ストレスがなくなり、健康な体と健康な精神を手に入れることができる。
　こんなにいいことはないですよね。
　ストレスフリートレードとは心にも体にもやさしい売買手法なのです。

第6章

利益を上げ続けるための利食い・ロスカット術

☆利食いと損切り

　FXではエントリーをしたら必ず手仕舞いをします。
　手仕舞いには、利食いという手仕舞いとロスカットという手仕舞いがあります。
　利食いは大きくしたい、ロスカットは小さくしたいと誰もが思います。
　利食いもロスカットも小さくすることを考えてみてください。
　簡単にできそうだと思いませんか。
　しかし、小幅な利食いと小幅のロスカットをすることは簡単なようで意外に難しいのです。
　なんで？
と思われるかもしれませんね。
　それは次のようなことが原因なのです。

①細かな動きほどノイズに邪魔されてしまい、最終的に利益になる確率が50％に近くなる。
②利食い幅とロスカット幅の調整が難しい。

　例えば、ドル円で次のようなルールで売買をしたとします。

○1万通貨のエントリー後1pipsの利益が出たら利食いをし、1pipsの損失が出たらロスカットする。

　この売買を行った時に勝率が60％の確率だとしたら10回のエントリーで6回の勝ちになり4回の負けとなります。

　勝ちは100円×6回＝600円
　負けは100円×4回＝400円
　合計損益は200円のプラスとなります。

勝率が50％の場合ですと、
勝ちは100円×5回＝500円
負けも100円×5回＝500円
合計損益は0円となります。

しかし、FXの売買をする場合にはスプレッドという手数料があります。
ドル円のスプレッドを0.5銭だとすれば、勝ちは50円、負けは150円ということになります。
スプレッドを考慮した場合は次のようになります。
勝率が60％の確率だとしたら10回のエントリーで6回の勝ちになり4回の負けとなります。

勝ちは50円×6回＝300円
負けは150円×4回＝600円
合計損益は300円のマイナスとなります。

勝率が50％の場合ですと、
勝ちは50円×5回＝250円
負けも150円×5回＝750円
合計損益は500円のマイナスとなります。

1pipsの利益を取りに行っても60％の勝率ではトータルプラスにすることはできないのです。
売買を繰り返せば繰り返すほど確実に損失が増えていき資金が減っていくことになります。
また、このルールで売買をすると精神的に非常にきつい状況になります。
1pipsの利益が出たら利食いをし、1pipsの損失が出たらロスカットをしようと予め決めていても、いざ1pipsの損失が出た時にロスカットできる人はほとんどいません。多くの人はロスカットすることができません。これは実際にや

ってみればわかることです。

　1pipsのロスカットができない結果としてロスカットを先延ばしにし、大きな含み損を抱えます。そして30pipsなどの大きな含み損になった時にようやく諦めることになりかねないのです。

　1pipsの利益を取ろうとして30pipsの損失になってしまうのです。こんなことをやっていたら勝てるわけがありませんね。

　このようなことをやるのであれば勝率90％以上の手法がなければ無理です。

　勝率90％でもスプレッド分だけ取られて結局は資金を減らすことになります。

　小幅な利益を考えること自体が、すでにマイナスへの迷路に入っているのです。

　自分のエントリー条件になっていないが、1pipsなら抜けそうだと考え買いエントリーをしたが、その1pipsの利益を上げることができずに価格が下がり含み損が5pips10pipsと増えていき、それを取り返そうとマイナス20pipsでナンピン買いをし、さらにマイナス30pipsでナンピン買い、マイナス40pipsナンピン買いをする。

　そうしているうちに投下資金は当初の3倍から4倍に膨らんでいくのです。仮にそこからうまく20pips上昇すれば損益はトントンになりますが、それではいったいなんのためにエントリーしたのかわかりません。最初から何もせずに見ていたほうが良かったということになります。

●利益を上げ続けるために必要な3つのこと

　このような売買はナンピンすることにより自分の資金が少なくなり建玉だけが多くなります。相場の方向が上向きだと判断することができればその玉を持ち続けることになるのですが、逆に相場の方向が下向きになった時は最悪です。ロスカットもできないし、新規の売り仕掛けをすることももちろんできません。

　こんな売買をしていたら儲かる相場も儲かるはずがありません。後悔だけが残るのです。

　トレードで利益を上げるチャンスは毎日何回でもあると思うから方向感のない時でも無理にエントリーしてしまうのです。

　チャンスはゴロゴロ転がっているわけではありません。方向感のない時は何

もしないで資金を温存しておくのがベストなのです。
　また、誰かがネット上で上がると言っていたからとか、ブログの記事で上がると言っていたから上がるだろうと思うことは自由ですが、それが役に立つことはほとんどありません。
　私のブログの記事だって同じことです。
　書いた私は納得しているからいいのですが、私のブログを読んで売買をする人で本当に自分自身が納得して売買をしている人は少ないと思います。納得していないのにエントリーをしてもいざロスカットという場面になると最初に決めたロスカットに従えなくなるのです。マウスを押す指が固まってしまうのです。だって自分で納得していないのですから従えなくて当たり前ですよね。
　投資をするためには自分が「納得」することが必要です。そのためには自分自身が納得できる経験や検証を重ねることが大切なのです。
　トレードで利益を上げ続けたいと願うのであれば、

○自分自身で統計を取る
○自分の気分をコントロールする
○統計の結果に従う

　この3つを実行することです。

☆やっぱり利食いは難しい

「やっぱり利食いは難しい」
トレードを半年もやっていると、このように感じるようになります。
なぜ利食いは難しいのでしょうか？
それは精神面が大きく影響するからです。
人間は利益が乗ると手仕舞いしたい衝動にかられる生き物なのです。
ですから利食いをする場合には自分の感情で利食いをしてはいけません。
だから分割利食いをするのです。
私は分割利食いを強く推奨しています。
分割利食いの利点は、最後の通貨単位または2単位の利益をとことん伸ばすことができるということです。
最後の1単位2単位になれば適当に利食いができるのですが、この適当にはどのような場面なのか？
悪い意味でのいい加減に手仕舞いをしてしまったら取れるはずの利益をみすみす逃がすことになります。
最後の1単位2単位はトレイリングストップを使って手仕舞いするのが精神的負担も少なく利益も確保することができます。
トレイリングストップ以外にも手仕舞いをする方法はいくつかあります。
それは次のような方法です。

①今あるトレンドが終りに近づいたという判断ができたとき

一定時間ヨコヨコになったり、短い足での高値切り下げになったりした場合がこれに当たります。

②心理的節目の価格になった場合

価格がキリのよい数値になったときがこれに当たります。
例えば110.00円ちょうどとか115.00円ちょうどなどの数値です。

これらの数値は心理的節目となり通貨価格の上昇下落がいったん止まる価格です。

③強い抵抗線、支持線に接近したときに値動きが悪くなった場合
　シナリオ売買を行っていると毎日シナリオを立てるときに支持線抵抗線を調べます。
　支持線抵抗線はエントリー時に見るだけではなく利食いする場合にも「そろそろ止まる価格だな」などと考えることのできる重要なラインです。

④ビッグニュースによる手仕舞い
　トレード中に突然暴落が始まったりその恐れが出てきたり変動が激しくなることがあります。
　これは何かのニュースが出た可能性があります。
　ビッグニュースに対してテクニカルは機能しません。
　ビッグニュースにより自分の思惑と逆の方向に価格が動いたら、すぐに手仕舞いをします。
　また、自分のエントリーしている方向への動きになった場合でも急に反転する場合があるのできつめのトレイリングストップを利用して手仕舞いをすることを考えましょう。

　これらのテクニックを覚えると利食いが難しいという感覚から利食いは楽しいという感覚に変わってくることでしょう。

☆分割売買をしよう

　FXで利益を上げ続けるために、利食いに関しては分割利食いをおすすめします。

　なぜ分割利食いをすすめるのかというと、心理的に楽になるというのが一番の理由です。

　裁量売買の場合は、精神的なことに対して非常に大きく影響を受けます。

　ちょっとした心理的要因でマウスをクリックできなくなったりします。

　エントリーから20pipsや30pipsという一定額の利食いをして利益を出すことにより精神的に楽になるのです。

　これが分割売買の最大の長所でしょう。

　図37をご覧ください。

図37

　118.85円までの上昇に対する価格の調整が117.16円までとなり、上昇再開の動きになりました。

　前の陰線のローソク足の高値を超えた117.49円で10万通貨を買ったとします。

　あなたは、エントリー後、どのような利食いをするでしょうか。

価格はエントリー後、Aの118.16円まで上昇した後下落しています。

この下落に耐えることができれば118.32円までの上昇途中で利食いができます。

118.32円までに利食いをせずにいた場合には、118.32円から117.23円まで下落しました。

買値の117.49円を下回ったのですね。

この時点で上昇途中に利食いしておけばよかったのにと後悔します。

そして少しのマイナスでロスカットをすると価格は上昇して118.32円を上抜き118.80円まで上昇します。

ここで再びロスカットしたことを悔やみます。

2回も悔やんだのに利益がないどころか損失でトレードを終えたのです。

何の戦略も立てずにトレードをしているとこのような手仕舞いになることが多々あります。

戦略を立てずにエントリーした場合はAの118.16円からの下落を見て利食いをしたくなるのが普通です。

そして、10万通貨すべてを117.80円近辺で利食いしているのではないでしょうか。仮に117.79円で利食いしたとしましょう。

118.16円から下落してくると、「ここで利食いしないでおいて価格が下がったらどうしよう」「もうこれ以上上がらないかもしれない」という不安がいっぱいになってきます。

そして117.79円で利食いをしてしまいます。

しかし、価格は上昇し118.16円を上抜くのです。

「あそこで利食いしなければよかった。もっと我慢すればさらに利益になったのに……」

ここで買い直したいという気持ちが起こるのですが、多くのトレーダーは利食いしてから50pipsも上昇しているので新たに買い直すことはできません。

118.32円から下落した時は、「やっぱり、利食いしておいてよかった」と思います。

しかし、117.23円まで下落した後に上昇して118.80円を付けます。

第6章　利益を上げ続けるための利食い・ロスカット術

ここでまた思うのです
　「エントリーからたった30pips上で利食いしたために118.80円までの上昇を利益にすることができなかった。大きな利益をみすみす逃してしまった。118.70円で利食いできたとすれば、121pipsの利食いになり10万通貨だから121,000円の利益になっていたんだぞ。俺ってなんでこんなに下手なんだろう」
　実際には30pipsの利食いをして3万円の利益を手にしているのに後悔するのですね。
　これではストレスが溜まってしかたがありません。
　分割利食いはストレスを溜めないためにも必要なのですね。
　自分の建玉をすべて一気に手仕舞う必要なんてありません。
　仮に10万通貨でのエントリーをした場合、エントリーしてから20pips上になったらまず3万通貨を利食いをします。
　117.49円で買っていますので117.69円で3万通貨の利食いをします。
　この利食いにより最初の利益が確定しましたので精神的に楽になります。
　また、ここから価格が下がって残りの7万通貨がロスカットになったとしても大きな損失にはならずにすむのです。
　117.69円で1回目の利食いをした後、価格はさらに上昇して40pips上の117.89円でさらに3万通貨の利食いをします。そこからさらに上昇しましたので60pips上の118.09円で3万通貨の利食いをします。
　そして残り1万通貨はトレイリングストップで引っ張るのです。
　9万通貨の利食いをしていますので118.16円からの下落に耐えることも容易になります。118.32円からの下落途中でトレイリングストップにかかり残りの1万通貨は利食いになります。
　トータルでの損益がプラスになりましたので117.23円までの下落の後、もう一度買い直すことにも躊躇せずにエントリーできるでしょう。
　このように分割利食いをすれば利益を確保しながらストレスを溜めずにさらに大きな利益を狙っていくことができます。
　為替価格が自分の思っている方向と逆に動いた場合も分割ロスカットは有効です。

この日はエントリー後、そのまま上昇していますが、仮にエントリー後上昇せずにヨコヨコになり動きが悪いと感じたのであれば3万通貨をエントリーと同値の117.49円や5pips下の117.44円で手仕舞いします。
　そうすることにより、建玉が軽くなりますのでストレスがかかりづらくなります。
　その後に価格が上昇しエントリー価格である117.49円よりも20pips上である117.69円になったら3万通貨を利食いすればいいのです。
　これで残りは4万通貨ですね。
　後はエントリーの117.49円から40pips上の117.89円で2万通貨を利食って、残り2万通貨をトレイリングストップで引っ張るという方法でもよいでしょう。
　分割売買には特に決まったルールはありませんので、いろいろ試してみて自分に一番合っている通貨単位や利食い価格を探してみてくださいね。
　分割売買という手法を手に入れることができれば、あなたの損益は格段と上昇してくるでしょう。

●分割利食いは、最低でも3回はほしい

　上記の例では定額での利食いの回数を2回または3回にしましたが、分割売買での利食いの回数は何回くらいが適当なのでしょうか。
　私は最低でも3回はほしいと思っています。
　1回目の利食いでスプレッド分を回収してお釣りがきます。そして2回目3回目の利食いで利益を伸ばしていくのがよいと考えています。
　1回の利食いができればスプレッドなどのコストは簡単に出ますのでその後の手仕舞いでトータル損益がマイナスになることはなくなります。プラスになることがほぼ確定するのです。残った玉を思いっきり引っ張ることができるのです。
　これは精神的にとても楽になりストレスがなくなります。私の推奨するストレスフリーの状態になれるのです。
　ただし、エントリー通貨数が3万通貨の場合ですと、2回の利食いをしてしまうと残りが1万通貨になり引っ張りづらくなりますのでエントリー通貨数は

最低でも4万通貨にしておきたいところです（1000通貨単位で売買している方は4000通貨）。

そして分割利食いは3回の一定額での利食いをするほうが楽になります。

4分割以上の返済にすることができると3回の利食いは20pips、40pips、60pipsと利食いして残りは適当に引っ張れるだけ引っ張るということが可能になります。しかし、初心者の方というのはこれを逆にやってしまうのです。

ロスカットを機械的にやっても最後の1万通貨を我慢して我慢してロスカットしてしまうのです。最後の1万通貨をロスカットすることができなくなってしまうのですね。

また、初心者の方は利食いがめちゃくちゃ早くなる傾向があります。価格が20pips動くのを我慢できずに5pipsや10pips上ですべての建玉を利食いしてしまうのです。

利食いが早くてロスカットが遅ければ勝てるわけがないと頭では理解していても行動が伴わないのですね。

こうなると勝率が90％でも遅かれ早かれ破産することになります。

このような意味からも分割売買というのは破産を防ぐこともできるし、利益を伸ばすこともできる手法であると言えるのです。

ぜひ、分割利食いを有効に使ってみてくださいね。

☆玉操作が重要、テクニカルはいい加減

　私は、いろいろなものを試すのが好きです。
　新しいことに挑戦することも大好きです。
　売買でも同じ方法をずっと使い続けながらも新しい手法がないかといろいろ考えるのが好きなのです。ただし相場の原理原則・玉操作・心理など根っこの部分はブレずにいますので新しい手法を利用して売買しても破産せずに今日まで生き残ることができています。
　私の基本的な手法は、トレンドを特定し、反トレンドの動きを待ち、トレンドサイドに実際に動いたときにエントリーするという方法です。
　応用としてトレンドの調整を利益にかえる売買も行いますが、統計的に有利なパターンでなければ応用の売買は行いません。わざわざ負ける可能性の高い不利なトレードをする必要はないのですね。
　反トレンド方向への売買は応用ですので、基本であるトレンド方向への売買ができないうちはしないほうが無難です。
　またFXにおけるテクニカルなんていうものはいい加減なものだと思っています。
　完璧なテクニカル指標なんて存在しません。
　テクニカルというものは、いい加減であてにならないとうのが前提ですのでロスカット価格を設定するのです。
　完璧なテクニカルがあれば勝率100％になりロスカットを設定する必要などないのです。完璧ではないからロスカットを設定しなければならないのです。そして自分の資金を守らなければならないのです。
　エントリーをした後は利食いやロスカットを待つということではありません。
　ここからは玉操作が始まります。
　私は複数単位での売買を行いますので、3単位や4単位の通貨を同時に建てることになります。この複数単位での売買は私に多くの利益を与えてくれる手法なのでとても大切なことなのです。

3単位で建玉をした場合の基本の玉操作は次のようになります。

1単位目で売買コストをカバーする。
2単位目は数十pipsで利益を確保する。
3単位目は損益分岐点にロスカット価格をずらし、できるかぎり引っ張る。

　心理的に楽になるためにも玉操作で利益を積み上げていかなければなりません。
　デイトレの場合はその日の自分のトレード時間のうちに手仕舞いをしなければならないという時間的制約も受けますので心理的に楽になるということは重要なのですね。
　そのためには分割売買をすることが有利であり、エントリー後は機械的に一定額の幅で利食いをし、ロスカットも価格の動きに応じて分割で手仕舞いすることになります。
　ロスカットを分割で行うということは損小につながります。
　FXで利益を上げ続けるためには損小利大でなければなりません。
　スキャルピングの場合は高い確率で勝つことができますが損大利小になる可能性があります。

　　精神的に楽になる。損小利大にする。

　この2つのことを実行するためには玉操作が必要なのです。

●ターゲット・イグジットという方法もあるが…

　一定額の利食いをするのではなく目標の価格を決め利食いする「ターゲット・イグジット」という方法もあります。しかし、私はこの方法をオススメしません。
　それはなぜかというと、目標価格をどこまで正確に予想できるかわからないからです。あまりにも不安定要素が大きいのですね。
　支持線や抵抗線がはっきりしていて誰にでも目標価格がわかる場合もありますが、さらに正確な目標価格を設定することは現実的には難しくなります。

ターゲット・イグジットの利点は利食いを行うことができれば得た利益を逃さずにすむということです。しかし、価格が予想どおり目標に到達しなければ失望することになります。
　目標価格を設定してもその価格に5pips10pips届かずに利食いできないということも多くあります。そうなると利食いできなかった精神的ダメージは非常に大きなものになります。
　こうなると次からは勝率を高めるために目標価格を下げてしまうという行動をするようになります。
　それではターゲット・イグジットの意味がなくなってしまうのですね。

　私の分割売買は一定のpips幅で利食いを繰り返し、最後の数単位に関してはトレイリングストップを利用するというものです。
　この方法を使用すればどの時点でどれだけの利益を確保できるのかを常に知っていることができます。方法としてはとても簡単なのですが、歴史的な試練を経てきている手法であり、これ以上の手仕舞いの仕方や手法は今のところないと思っています。

　FXにおいて利益の源泉になるものはマネーマネージメントと建玉操作であると言っても過言ではないでしょう。
　建玉操作には次の3種類があります。

○ピラミッディング
○分割売買（複数単位を同時に仕掛け、分割で手仕舞いする）
○分割仕掛けと分割売買（仕掛けも手仕舞いも分割で行う）

　大きく分けてこの3つの方法があると思っていいでしょう。

　そしてこの本で紹介する手法は2番目の分割売買になります。

☆エントリー単位数を変える理由

私のブログではシナリオの一部を公開しています。
そのシナリオの中で、

「エントリー単位は抑え気味にするのがよいでしょう」
「建玉は半分にします」

などの文章が出てくることがあります。
これは自分がエントリーするポジションの単位数を常に一定ではなく変化させていることを表しています。
なぜ、いつも同じ単位数で売買しないのでしょうか。
それは、相場というのは常に一定のリスクではないからです。

★次のようなゲームをしてみましょう★
100個のビー玉があります。
ビー玉は赤・青・黒の３色があります。
100個のビー玉の内訳は次のようになっています。

赤　　→　　20個
青　　→　　70個
黒　　→　　10個

それぞれのビー玉には倍率が決まっていて、下記のようになっています。
１回のゲーム参加料は1000円とします。

赤　　→　　＋10倍
青　　→　　－１倍
黒　　→　　－５倍

プラスの倍率もあればマイナスの倍率もあります。
この100個のビー玉をひとつの袋に入れて、１回につき１個取り出します。

○赤のビー玉を取り出した場合には、1000円の10倍なので10000円をもらうことができます。
○青のビー玉を取り出した場合には、1000円のマイナス1倍なので1000円を支払うことになります。
○黒のビー玉を取り出した場合には、1000円のマイナス5倍なので5000円を支払うことになります。

1回取り出したビー玉は、袋の中に戻し次のゲームを続けます。
お金をもらえるプラスになる赤のビー玉は20個しか入っていません。
残りの80個は取り出すとお金を払わなければならないマイナスのビー玉です。
勝率は20％ですね。負ける確率は80％です。
10回のうち8回は負けることになります。
100回やると80回は負けることになります。
さあ、あなたはこのゲームに参加しますか？
よーく考えてくださいね。
最低でも5分間考えてから次の文章を読んでくださいね。

1分経過
↓
2分経過
↓
3分経過
↓
4分経過
↓
5分経過
↓

第6章　利益を上げ続けるための利食い・ロスカット術

さあ、参加しますか。参加をしませんか。
「勝率が2割しかないのだから、8割は負けるということになる」
「こんな不利な勝負には乗りたくない」
と考える人もいるかもしれませんね。
　どのビー玉も取り出す確率は同じですから、100回のゲームをしてそれぞれ別の100個のビー玉を取り出したとしましょう。
　つまり、100回やってすべてのビー玉をそれぞれ1回ずつ取り出すことになったということです。
　確率からいけばそうなりますね。

　赤のビー玉は20個ですから　　＋20万円
　青のビー玉は70個ですから　　－7万円
　黒のビー玉は10個ですから　　－5万円

　すべてを合計すると＋8万円になります。
　つまり、1回のゲームにおける期待値は＋0.8ということになるのです。
　100回のゲームを行うと、＋8万円の利益になるということです。
　各取り出しのリスクを1％だとすると、100回のゲームをやった後には、元手が80％増えていることになります。
　このように詳しく見てみると、悪くないゲームであることがわかります。
　ここまで説明をすると、誰もがやってみたいと思うでしょう。
　次のような追加ルールがある場合はどう考えるでしょう。

★最初の資金は10万円とする。
★1回の参加料は最低1000円で上限はなし。
★ゲームはいつ終わりにしてもいい。

●自分の資金が無くなったらゲームをやめなければならない。そして罰金として10万円を支払う。

●ゲーム終了時に資金が50％減少していたら罰金として5万円を支払う。
●ゲーム終了時に資金が1％でも減っていたら罰金として2万円を支払う。

○ゲーム終了時に資金が1％でも増えていたら賞金として2万円もらえる。
○ゲーム終了時に資金が50％増えていたら賞金として5万円もらえる。
○ゲーム終了時に、参加者の中で最も儲けた人は10万円もらえる。

　このような追加ルールがあった場合には、ゲーム終了時における目標を多数考えることができます。

①破産リスクを含め、どんな代償を支払ってでもゲームに絶対勝つ。
②最低2万円勝ち、2万円以上は負けない。
③ゲームには勝つが、破産だけはしない。

　このゲームに100人が参加し、全員が同じトレードを行った（つまり、偶然同じビー玉を取り出し、その都度袋に戻す）としても、1回の掛け金は自由なのでゲーム終了時の手持ち資金はまったく違ってくるはずです。
　また、参加者を目標別にグループ分けすることもできます。

◎損失を最小限に抑えながら儲けようとする人。
◎何が何でもゲームに勝とうとする人

などです。
　損失を最小限に抑えながらゲームをする人の資産変動幅は5％から10％程度と小さいものになるでしょうけど、後者の何が何でもゲームに勝とうとする人の資産変動幅は、破産から一攫千金と非常に大きくなるでしょう。
　このゲームから何がわかるのかというと、
　「トレードを成功させるためには重要なことがある」
　それは、

「ポジションサイズ」
「マネーマネージメント」

であるということです。

　常に利益を上げ続けるためには、期待値が正になる売買手法を自分で手に入れ、目標の達成可能性を最大化する「ポジションサイズ戦略」を立ててトレードしなければならないということです。

　FXのレバレッジは25倍です。100万円の資金がある場合、2500万円分の取引をすることができます。

　ドル円の取引をする場合、現在のドル円相場が110円だとすると22万通貨の売買をすることができます。

　しかし、22万通貨の売買を繰り返すと正の期待値を持っているトレードにおいても破産する可能性があるということになるのです。

　つまり、「ポジションサイズ」「マネーマネージメント」というのはとても重要なことなのです。

　破産をしたら、相場の世界から退場しなければなりません。

　利益を上げるために参加した相場の世界から退場することになっては元も子もありません。

　絶対に無理な枚数でのトレードは行わないようにしましょうね。

　そしてリスクにあった通貨単位でのトレードを心がけましょう。

☆ファールで逃げるメリット

　分割利食いのメリットは最初の利食いでコストを回収し、その回のエントリーにおいて損失をなくすということがありました。もし1回目の利食いができずにすべての建玉がロスカットにかかると損失だけが膨らむことになります。
　ロスカットにかかる時というのはどのような時でしょう。
　トレンドを確認し調整を待ち、エントリーする理由が明確になっている状態でトレンド方向に戻る時にエントリーをします。この時に支持・抵抗でエントリーしているのであれば当然その前提が崩れた時にロスカットをすることになります。
　支持線や抵抗線という場所では価格は止まることが多くあります。多くの人が意識する価格なので止まってもみ合ったりする可能性が高いのです。
　私が買う場所というのもこの支持線で止まった時というのが多くあります。
　この支持線で買うメリットというのはファールで逃げることができる場所であるということがあげられます。
　支持線ですから止まって反発する可能性が高いのです。それがある程度時間が経過しても上がらなければ何かおかしいと感じることができます。
　そんな時にはエントリー価格と同値で建玉の半分を返済したりして玉を軽くし、精神的負担を減らすことができるのです。
　これが支持線でない場合には、価格は支持線に向かって動いている最中ですから止まる理由というのがなくなりスーッと動いたりします。すぐにロスカットにかかる可能性が高くなるのです。
　私が買う時の前提条件には上昇する可能性が高い場面という条件も含まれるのです。上がる可能性が高いところで買いエントリーすればエントリー後さほど時間をかけずに価格が上昇することが多くなります。それが上昇せずにヨコヨコになった場合に建玉を軽くしてファールで逃げることができるのですね。
ファールで逃げるというのは買値と同価格帯で買い玉を返済して利益をトントンにすることです。この「おかしい」と感じられる感覚がとても大切です。
　利益を積み上げるためには含み損になる前にトントンで逃げられる技術を身

につけなければならないのです。

　人間の心理として含み損になるとなかなかロスカットができなくなるのです。誰にでも損を認めたくないという気持ちが働くのです。

　仮に価格だけで20pipsのロスカットを決めてしまうと買った前提が崩れていなくてもロスカットしなければならなくなります。そしてその後価格は上昇したりするのです。ですからロスカットを設定する時は、価格のロスカットだけではなく前提条件が崩れた時のロスカット、自分自身で納得のいくロスカットというものを決めておく必要があります。

　価格だけのロスカットを絶対条件にするとファールで逃げることが非常に難しくなります。価格が絶対になるとその価格になるまで手仕舞いを我慢するようになります。でも支持抵抗でしっかりと売買ができていれば変だと感じた時点でファールによって逃げることができるのです。

　ただし、初心者の方はこの「おかしい」という感覚を得るのは難しいと思います。ある程度経験を積まないとできないと思います。

　ですから最初は価格のロスカットを守るということを徹底するのがよいでしょう。そして慣れてきたらファールで逃げる技術を勉強すればいいのです。まずはロスカットが確実にできるという練習からのスタートとするのがよいでしょう。

　FXで損する最大の原因はロスカットができないということです。そのためには最初の練習は失敗をすることです。人間は失敗をすることにより学習します。そして次は同じ失敗をしないように対応します。

　失敗をするといっても取り返しのつく失敗をすることが大切です。取り返しのつく失敗であればもう一度チャレンジすることができます。しかし、取り返しのつかない失敗をするとすべてを失います。最初は小さな失敗をして、そのうちに淡々とロスカットができるようになればいいのです。

　ロスカットをすることが失敗ではないのです。FXにおいてはロスカットをしないことが失敗なのです。ロスカットができることが成功なんだ。ロスカットできることが自分の資金を守ることなんだということがわかるとロスカットを躊躇なく実行できるようになります。小さな損失は大きな利益の源だということが納得できる日がやってくるでしょう。

☆建玉の保有時間

　エントリーをした後は利食いまたはロスカットという返済をすることになります。

　分割利食いの分割幅を20pips、40pips、60pipsと決めていても実際には予定どおりに利食いできないことも多くあります。

　また、ロスカットにかかりそうでかからずにヨコヨコになることもあります。こんな時は精神的にも不安定になり、返済しようかそのまま持続しようか悩むことがあるでしょう。

　返済するためには価格だけではなく時間も考慮して返済する必要があるのですね。

　あなたのエントリーしてから手仕舞いするまでの建て玉の保有時間はどのくらいでしょうか？

　建玉の平均保有時間を調べたことはあるでしょうか。

　買い玉のロスカットは直近安値を割った時と決めてエントリーをしたのだけれど、しばらくの間価格はヨコヨコになり動かない。そして動き出したときには自分のポジションとは逆の方向に動き出す。

　トレーダーであれば全員が、このような体験をしたことがあると思います。

　ロスカットは直近安値を割った時と決めているけれど、価格の動きを見ていると「どう考えてもロスカットにかかりそうだ」なんてこともあるでしょう。

　それを回避するためには通常のロスカットとは別に保有時間に関するルールを決めておくことをおすすめします。

●タイムストップも活用しよう

　保有時間はメインに使う時間軸によって決めるのがよいでしょう。

　個別銘柄の長期売買をする投資家の保有期間は数年におよぶのが普通でしょう。

　中期投資の投資家は半年から1年の保有期間があるでしょう。

FXでスキャルピングをするトレーダーは保有時間がわずか数秒から数分という人もいるでしょう。
　トレードスタイルによって保有時間は大きく異なります。
　つまり自分自身のトレードスタイルに合わせて保有期間を決めればよいということになります。
　私は主にFXのデイトレと日経225先物のデイトレでの取引をしています。
　そしてメインで使う時間軸は次のようになっています。

FX　　　　　　　……　　1時間足・4時間足・日足
日経225先物　　……　　15分足・60分足・日足

　ここで私の考える、4つの時間軸の保有期間を載せておきます。

○5分足をメインチャートにして売買をしている場合
　　　　　　　　　　　　　　　　　　　　　45分〜90分

○15分足をメインチャートにして売買をしている場合
　　　　　　　　　　　　　　　　　　　　　120分〜240分

○1時間足をメインチャートにして売買をしている場合
　　　　　　　　　　　　　　　　　　　　　3日〜5日

○4時間足をメインチャートにして売買をしている場合
　　　　　　　　　　　　　　　　　　　　　3週間から6週間

　保有期間に対して時間での手仕舞い（タイムストップ）は下記のようになります。

○5分足をメインチャートにして売買をしている場合のタイムストップ

30分

○15分足をメインチャートにして売買をしている場合のタイムストップ
90分

○1時間足をメインチャートにして売買をしている場合のタイムストップ
6時間

○4時間足をメインチャートにして売買をしている場合のタイムストップ
2日

　15分足をメインにトレードをしている場合はエントリーから90分経過した時点で負けトレードになっていたら手仕舞うということです。
　1時間足をメインにトレードをしている場合はエントリーから6時間経過した時点で負けトレードになっていたら手仕舞うということです。
　上記にあげた保有時間やタイムストップの時間は私の感覚であり、必ずしもこのとおりにしなければならないというものではありません。
　これらはそれぞれの時間軸で最もよく機能するであろうと思われるガイドラインです。
　タイムストップを使うとよりストレスのない売買ができるようになりますので試してみてくださいね。
　まずは自分のトレードの保有時間を調べることから始めてください。
　保有時間を調べると利食いが早すぎるとかロスカットが遅すぎるなど、自分のトレード内容がよくわかってきますよ。

☆分割売買でも利益目標を決める

　FXに参加する資金として、50万円を用意したとします。

　そして、その50万円を1カ月で2倍にして、翌月は再び50万円を資金として、1年間相場に臨むとすると1年が経過した段階で、元の資金50万円　利益600万円となります。

　FXで考えた場合、1カ月＝4週間とすると、取引できるのは20日ほどです。

　50万円÷20日＝25000円／1日となります。

　ドル円の場合でしたら、10万通貨の取引で1日25pipsの利益を上げればいいのですね。

　とてもシンプルな計算ですよね。数字だけを見ると、達成するためのハードルは低く、比較的簡単にクリアできそうに思えます。

　しかし、1日の値幅が少ない日では、頭から尻尾まで取ることでしか、達成できない日もあるかもしれません。

　また、ニュースなどで大きく動いた時に、ロスカットになってしまえば、損失分を補えるだけの利益が必要になってきます。

　こういったことを想定していくと、ハードルの高さが変わってきます。実際にドル円の売買をされている方でしたらこのハードルが高いと感じられるのではないでしょうか。

　実際に、バーチャルトレードなどで試してみると、この数字が容易に達成できるものかどうか、判断ができると思います。

●複利を活用しよう

　ハードルの高さを調整しながら、利益を増やしていく方法は？
と考えた時に、提案できるのが、"複利"を活用するという方法です。

　相場に参加する資金は、50万円とします。

　複利を活用して、1年間、相場に臨むにあたって、1カ月に資金の20％の利

益というケースを考えてみます。

1カ月目　　　資金50万円　　　利益10万円
2カ月目　　　資金60万円　　　利益12万円
3カ月目　　　資金72万円　　　利益14.4万円
4カ月目　　　資金86.4万円　　利益17.3万円
5カ月目　　　資金103.7万円　 利益20.7万円
6カ月目　　　資金124.4万円　 利益24.8万円
7カ月目　　　資金149.2万円　 利益29.6万円
8カ月目　　　資金179.2万円　 利益35.8万円
9カ月目　　　資金215.0万円　 利益43.0万円
10カ月目　　 資金258.0万円　 利益51.6万円
11カ月目　　 資金309.6万円　 利益61.9万円
12カ月目　　 資金371.5万円　 利益74.4万円

最終資金445.9万円

（※小数点第二位以下四捨五入）

1カ月目に50万円の資金で、20％の利益を得たとします。
2カ月目の資金として、50万円＋10万円（1カ月目の利益）を用いて、20％の利益を得ていきます。
3カ月目の資金は、60万円＋12万円（2カ月目の利益）＝72万円となります。そして、20％の利益を計上していきます。
これを繰り返して1年経過すると、資金は445.8万円という結果になります。

1カ月で倍にしていく場合と、複利を活用する方法を比べてみていかがでしょうか？
複利を活用する方法は、時間の経過に従って、資金の増加するスピードが上がっていきます。
実現できるかどうかという観点でみても、ハードルは低くなっていると思い

ます。

　さらにハードルを低くするために、1カ月の利益を10％に変更することも考えられます。
　ちなみに、10％の利益とした場合、

1カ月目	資金50万円	利益5万円
2カ月目	資金55万円	利益5.5万円
3カ月目	資金60.5万円	利益6.1万円
4カ月目	資金66.6万円	利益6.7万円
5カ月目	資金73.2万円	利益7.3万円
6カ月目	資金80.5万円	利益8.1万円
7カ月目	資金88.6万円	利益8.9万円
8カ月目	資金97.4万円	利益9.7万円
9カ月目	資金107.2万円	利益10.7万円
10カ月目	資金117.9万円	利益11.8万円
11カ月目	資金129.7万円	利益13.0万円
12カ月目	資金142.7円	利益14.3万円

最終資金156.9万円
（※小数点第二位以下四捨五入）

　1年経過すると、資金は156.9万円という結果になります。
　FXであれば、資金の増加にあわせて、運用できる通貨数の上限を増やせるタイミングが出てきますので、利益額が変わってくることは十分に考えられます。

　50万円を1カ月で20％の利益にするためにはどうすればいいのか。
　このように考えた場合、1カ月＝4週間とすると、取引できるのは20日ほどです。
　50万円の20％は10万円です。

10万円÷20日＝5000円／1日となります。

ドル円での取引で1万通貨の売買で1日50pipsの利益を上げればいいのですね。

1万通貨で50pipsの利益というのはちょっと無理があるかもしれません。

しかし、ここまでお伝えしてきている複数単位によるエントリーを行い、分割利食いを利用すれば1日に5000円の利益を得ることができると思いませんか。

最初の1カ月で20％の利益を上げることができれば2カ月目からは資金を増やしていけばよいのです。

FXに関する知識に加えて、複利のような考え方も活用していけばこれまでとは、違った形で、取り組めるようになるでしょう。

ただし、ここにあげたのはあくまでも紙上での計算です。実際に自分のお金を使って売買を行うと精神的要因により同じような売買ができないようになります。

それはお金の器というものがあるからです。

お金の器については最初のほうで書かせていただいています。

この話も幸せなお金持ちになるために重要なお話ですので繰り返し読んでみてくださいね。

☆利益を積み上げるためのストップの種類

　トレードで重要なことは、定石、セオリー、統計などを総合的に使いエントリーチャンスがくるまで辛抱強く待つということです。
　そして　エントリーチャンスが来たらリスクに見合うトレードかどうかを考えます。
　1回のトレードで負けないということではなくて、自分の考えが間違っていた時でもリスクを低く抑えることができるのかどうかを考えます。そして、自分の思惑どおりに動いたときは大きなリターンが見込めるようなトレードかどうかを考えます。
　また、明確な手仕舞い戦略、ロスカット価格をエントリーする前に決めたうえでトレードをすることです。
　良いトレードとはリスクとリターンの比率が効率的と思われるトレードのことで、エントリーするにあたり、どういう前提でエントリーしたのか明確な説明ができなければいけません。
　利食いについては分割利食いを行います。ロスカットは利食い以上に重要ですからロスカットについても考えてみましょう。
　ロスカットのことをストップとも呼びます。

　ストップの種類は非常に多く次のようなものがあります。

●価格のストップ
●パーセントストップ
●マネーマネージメントストップ
●ディザスターストップ
●テクニカルストップ
●タイムストップ
●トレイリングストップ

各ストップについての説明をしますね。

●価格のストップ

価格のストップは、単純でわかりやすいです。

エントリー価格からマイナス何pipsになったら損切りをするというルールのストップです。

1回の売買における損失を一定額に限定するためのストップです。

問題になるのは、エントリー価格から何pips離れた価格をストップ価格に設定すればよいのかということです。

エントリー価格からストップ価格までの設定幅が狭すぎるとすぐにストップにかかります。

例えば5pipsや10pipsのストップ価格に設定した場合は、ポジションを建てたあと相場が自分の思惑と逆に動けばすぐにストップアウトし、その後自分のシナリオどおりの方向に相場が反転するという状況になることが多くあります。

損失額は、小さくすむけれど、勝てるはずだったトレードも利益を伸ばすことができずに負けトレードに終わってしまいます。

自分がメインで使用している時間軸にもよりますが、ストップ価格の設定幅が狭すぎると相場のノイズに引っかかることが多くなり、1カ月の売買結果を見ると結局負けているということになりかねません。

逆にストップ価格の設定幅を大きく取りすぎるのもいけません。

デイトレードの場合、エントリー価格から50pipsや100pips離れたストップ価格に設定した場合、相場が自分の仕掛けた方向の逆に動くと、本来置くべきであるストップ価格の位置を通り越してしまいロスカットの設定をしていないこととほとんど同じ意味になります。

エントリー価格と離れすぎているストップ価格は、リスクに見合う期待利益はなくなり、エントリー価格に近いストップを設定した人と比べるとはるかに早いペースで損失が膨らみます。あっという間に自分の資金がなくなるのを体験できます（笑）。

●パーセントストップ

　これも簡単なストップの方法です。

　エントリー価格から何％価格がエントリー方向と逆方向に動いたかでストップ価格を設定するという方法です。

　価格のストップと非常に近い感覚のストップです。

　価格のストップの場合はエントリー価格から何pips離れたらストップにするというものでした。ボラリティが同じであれば通貨価格が80円であろうが100円であろうが120円であろうがストップに設定する価格は一緒ということです。20pipsに設定したなら20pips逆に動けばストップにかかります。

　パーセントストップとはこの何pips離れたらという部分を何パーセント離れたらに変更するだけです。

　仮にストップの設定を0.6パーセントにした場合は次のようになります。

　ドル円が100.00円の時に買いエントリーをした場合は、100.00円×0.6％＝60銭となります。

　99.40円が付くと損切りになるのですね。

　価格が120.00円の時に買いエントリーをした場合は、120.00円×0.6％＝72銭となりす。119.28円でロスカットとなります。

　価格のストップではその時の価格によるストップ価格の変動はありませんが、パーセントストップの場合には為替価格が変化すればストップ価格も変化するという特徴があります。

●マネーマネージメントストップ

　マネーマネージメントストップは書籍により複数の違う説明がなされていますので理解しづらいかもしれません。

　私の考えでは、マネーマネージメントストップという名称なので、自分の資金量により許容できるリスク、1回のトレードでの最大許容量をストップに設定するということだと考えています。

　例えば1回のリスクの許容量を自分の総資金の2パーセントなどにするスト

ップです。

　自分の資金が100万円だったとすれば2パーセントは2万円になります。よって1回の損失は2万円に抑えるということになります。

　ドル円を10万通貨エントリーした場合ですと、エントリー方向と逆に20pips価格が動くと2万円の損失になります。100.00円で買った場合には99.80円でロスカットをするということになります。

●ディザスターストップ

　「disaster」を辞書で引くと、思いがけないとか災害という意味になります。

　スウィングトレードなどで使われるストップで、ストップの位置を現在価格から大きく離れたところに置く方法です。

　ストップ価格が現在の価格から大きく離れているので、通常めったにロスカットにかかることはありませんが、テロなどの大きなニュースなどがあるとストップアウトして、自分の資金をすべて失うなどの最悪の事態は避けることができるというストップの方法です。

　デイトレードでも、通常ヒットしないがサプライズ的に何か起こればストップアウトするという価格を設定します。デイトレードの場合、ドル円の1日の値幅が2円以上になることは稀ですが、非常に大きなニュースがあり思いがけない動きになることを想定します。エントリー価格から2.1円離れた価格をストップにするなどです。

●テクニカルストップ

　これは、テクニカル分析に基づいてストップ価格を決めるストップです。

　テクニカルを使ったストップなのでテクニカル指標によりストップの設定方法が異なります。

　例えば支持抵抗を使ったテクニカルストップの場合ですと、買いエントリーをした場合には直近の支持線の下側にストップを置きます。売りエントリーをした場合には直近の抵抗線の上側にストップを置くことになります。

　パラボリックストップはエントリー後、メインに使っている時間軸のパラボ

リックをストップに使用します。パラボリックを抜けたらロスカットをするということです。

その他にもトレンドラインを使ったストップ、移動平均線を使ったストップ、チャネルを使ったストップなど多数あります。

●タイムストップ

エントリー後、手仕舞いする一定の時間を決めておき、その時間内に利益が出なければ一旦トレードをやめるというストップです。

例えば上昇トレンドの時、支持線で価格が下げ止まったのを確認して上昇する場面で買ったとします。

支持線で下げ止まったのを確認して買ったということはその支持線が機能し、そこから上昇するというシナリオをもとに買うわけです。

しかし支持線から反発もせずモタモタした動きになっているのであれば、それはそのポイントが支持ではなかった可能性があるということを意味しています。ただし相場には我慢も必要だということを私たちは知っています。

そこでタイムストップを使用するのです。

エントリー後の動きが鈍く、上昇するにしてはどうも時間がかかりすぎるな、と思えば建玉の一部または半分程度を返済し、玉を軽くして様子を見るなどいろいろ工夫することができますね。このような玉操作ができるということは裁量売買の一番優れているところです。

タイムストップを考える場合、まず自分のトレードの分析から始めなければなりません。自分の考えるメインの時間軸で仕掛けをした場合、保有時間はいつもどのくらいか？　負けトレードの統計を調べた場合、仕掛け時点からどのくらいの時間が経過したら負ける可能性が高いのか？

これらのことを自分のFX絵日記をもとに分析するのです。

FX絵日記をつけていなければ分析そのものができませんけどね。FX絵日記については、この後で出てきます。

自分の売買の分析ができなければタイムストップを設定することはできません。

メインの時間軸が同じで、前回と同じように支持線で買ったとして前回はタイムストップを5分にしたのに今回は15分にするなど自分の気分によって変更してしまうからです。自分の売買結果ではなく体調や気分によってストップを変更するようになるとストップは機能しなくなります。こんなことならタイムストップなど使わないほうがよっぽど良い結果になるでしょう。

●トレイリングストップ

　買いエントリーで相場に参加した場合、相場が自分のシナリオどおりに動き価格が上昇すれば含み益が膨らんでいきます。

　この時点ではエントリー前に決めたストップポイントより現在の価格は大きく離れている状態にあります。この状態から価格がエントリー価格に戻ると含み益が減り、さらに下がれば含み損になってしまいます。

　含み益であってもせっかく得た利益は失いたくないし、反転しストップに掛かり負けトレードで終わるのはもっと嫌ですね。

　含み益があってもその建玉を返済し手仕舞わなければ実益にはなりません。

　取らぬ狸の皮算用ということにもなりかねません。

　そういう時にロスカット価格を自分の思惑どおりの動き、利益の上がっている方向に移動するストップをトレイリングストップと言います。

　利益を確保しながら利益を伸ばすというストップの手法です。

　このストップはとても有効なので私は大好きです。

　複数通貨単位での売買を行う場合、最後の通貨単位はこのトレイリングストップを使用して手仕舞いをします。

☆なぜ、ロスカットができないのか?

多くのトレーダーの方からいただく質問で多いのが、

「ロスカットすることができません。どうしたらいいでしょうか?」

というものです。なぜ、ロスカットができなくなるのでしょうか。
それは1回の勝敗にこだわっているからではないでしょうか。
私たちがFXをやる目的は、利益を上げることです。FXで儲けることです。
FXに参加しているすべての人が「儲けたい!」「お金を稼ぎたい!」と考えているのです。同じ儲けたいでも、実は儲かる人と損する人とでは考え方が違うのです。
FXで損をする人は、すべての売買で儲けたいと考えているのです。100回のエントリーをしたら100回のトレードすべてを利益にしたいと考えているのです。しかし、実際に100回連続で利益になることなど有り得ないのです。10回連続で利益になることさえ少ないのが実状です。それなのにすべてのトレードで利益にしたいと考えるから損失を受け入れることができなくなってしまうのです。
高値121円まで上昇したドル円が120円まで下がりました。この時点120円で買ったとします。そして、120円で買ったドル円が1円下がって119円になった場合、ロスカットがチラつきます。しかし、損切りをすることよりも「もう少し我慢すれば元通り120円に戻るだろう」と考えて持続するほうを選ぶのです。
しかし、価格は上昇せずにさらに下がります。そしてさらに0.5円下がって118.5円になると、割安で買った通貨がさらに割安になったのだから、そろそろ底を打つだろうと考えロスカットしません。そしてさらに下がり買値から2円の下落となり118円を付けます。120円だったドル円を10万通貨買っていたとすると2円の下落ですから20万円の損失になります。
最初の投資資金が100万円あったとしたら、ここでロスカットをすると100万円が80万円になってしまうのです。なんと20%もの資金減少ということに

なります。FXで儲けようと思って必死になって貯めた投資資金があっという間に20％の含み損です。20万円の含み損を確定すると、損失が大きすぎてとても受け入れることはできないのです。

そして117.5円になると、損失が大きすぎて固まってしまい何もできなくなります。もちろん、そのまま持続することになるのです。

そしてさらに下落して116円になると、恐怖で眠れなくなり、本業も手につかなくなります。このまま奈落の底まで下落するのではないかとさえ考えるようになります。そして恐怖に耐え切れず返済ということになります。

100万円の投資資金が40％少なくなり60万円になってしまうのです。こんなことを連続してやったとしたら、100万円なんてあっという間になくなってしまいます。気軽な気持ちで10万円を元にFXを始めたとしたら強制決済にかかり、10万円なんて1回の取引でほぼなくなってしまいます。

サラリーマンの平均的なお小遣いの金額は2014年の場合、月に39,572円でした。たった1回の取引でほぼ3カ月のお小遣いが消えてしまうのです。

話を元に戻しますね。

損をする人は1回の売買の勝敗にこだわり、ロスカットをしません。利益を上げ続けることのできる人は1回の売買においての勝敗にはこだわりません。

1年を通じて、勝敗ではなく、損益がプラスになることにこだわるのです。

1回の売買においての損益については、いかに少ない損失で抑えることができるのかにこだわります。少ない損失を受け入れたために大きな利益を逃すこともあります。しかし、少ない損失を受け入れて、分割売買を取り入れながらトレードを繰り返していくと必ず年間を通じて損益がプラスになります。

ただし、それは相場の原理原則を理解し、実行することのできるトレーダーだからです。ですから、本気で勉強をして、相場の原理原則を理解することから始めていただきたいのです。

相場の原理原則を理解することができるようになるまでは、実際に自分の大切なお金を使って売買することは避けてくださいね。その後に実際の売買を行うと、ロスカットが躊躇なくできるようになっている自分に驚くことでしょう。

☆さらにロスカットについて考える

　もう少しロスカットについて考えてみましょうか。
　ロスカットについてはどんなに多く書いても書きすぎということはないと思います。それは、何回も書かないとロスカットを受け入れることができない人がいるからです。
　エントリー時にロスカットを決めて、逆指値でロスカットの注文を入れておかないと大変なことになります。為替価格の動きがゆるやかなときはちゃんとロスカットができるのですが、急激な動きになると固まってしまいロスカットできなくなるからです。
　例えば、118.20円で買いエントリーをしたとします。そして、ロスカットを117.90円に設定したとします。30pipsのロスカットです。
　為替価格が118.20円から徐々に下落してきた場合、「そろそろロスカット価格だな。ロスカットの準備をしておこう」と考え発注準備をすることが可能です。
　逆に、118.20円でエントリーした後118.35円を付け、1回目の利食いまでもう少しとなった場合は、利食いの指値を入れてあるはずです。ところが、利食い価格まで届かず118.35円から急落したらどうなるでしょう。
　1分間の間に118.35円から117.95円まで40pipsの下落になったらロスカット価格まで後5pipsです。慌てて利食い注文を取り消してロスカット注文の準備をしなければなりません。そのためには、118.40円で入っていた利食い注文をまず取り消さなければなりません。そして注文を取り消した後に、新たにロスカットの注文を入れるのです。
　その時に価格はさらに大きく下落していて117.50円になっていたらどうでしょう。当初のロスカット設定価格を下回ってしまったのです。ほとんどの人はここでロスカットをするのをためらいます。
　最初に想定していたロスカットは117.90円でした。それが今では117.50円まで下落しているのです。
　仮に5万通貨でエントリーしていたとしましょう。
　30pipsのロスカットを設定していたので、想定損失は15,000円でした。しか

し、現在の株価は117.50円ですから、ここでロスカットをすると－70pipsになりますので35,000円の損失を受け入れなければならないのです。

15,000円想定のロスカットが35,000円と2倍以上の含み損になったのです。

この損失を受け入れることができるでしょうか。

「ここまで急落して、大きな含み損になったのだから、ここから少し損が増えても同じだ。もう少し様子を見よう」

「大きな損失は受け入れられないから我慢をして、為替価格が戻ったら小さな損失で返済しよう」

「もうどうしようもない。このまま見ているだけにしよう」

こんなことを考えるようになってしまうのです。117.90円設定のロスカット価格が117.50円になってしまったのですから最悪のことが起きたと考えてもおかしくはありません。しかし、ここでロスカットをしなければ最悪のことは実は最悪ではなく、もっと最悪のことがあったということに後になって気づくのです。

最悪だと感じたロスカットを執行すること以外に自分の身を守る方法があるのでしょうか。

もしかしたら為替価格がエントリー価格まで戻るかもしれません。しかし、このまま下落して強制決済にかかるまで損失が膨らむかもしれません。

ロスカットを受け入れるのか、我慢するのかは自分次第なのです。

FXの世界から退場するという最悪のことを避けるのであれば、どんなに嫌でも、どんなに苦しく感じてもロスカットをしなければならないのです。ですから、エントリーした後は逆指値でロスカット注文を入れておくことをおすすめします。

ロスカットというのは、小さな損失を受け入れることです。自分の大切な資金を守るための保険なのです。ロスカットを受け入れると一時的には損失が出ます。

この損失を保険料だと考えてください。保険料というコストがかかりますが、長い目で見ると間違いなく、自分の資金を守ることができます。

人は物事を否定的に捉える傾向があります。

〇ロスカットをするということは負けトレードになったということです。

○ロスカットをするということは損失になったということです。

これを肯定的に捉えたらどうなるでしょう。

○ロスカットをするということは、負けトレードによって損失リスクを限定することです。
○ロスカットは価格が自分の思惑とは逆に動いた時に小さな損失を受け入れることにより、自分の資金を守ることです。

トレードをしている人の中には、どんなに小さな損失でも受け入れたくないという人がいます。
勝率100％でなければ嫌だと考える人がいます。
自分が間違っていると認めたくない人がいます。
私だってそうですよ。負けは認めたくないんです。損失は出したくないんです。勝率100％がいいに決まっています。
でも、無理なんです。絶対に無理なんです。
トレードをしている限り、損失は必ず訪れるのです。
負けトレードを認めたくないと執着している限り、自分のお金がどんどん減っていくのです。大切なお金がどんどん減っていくのを見ているよりも負けを認めてしまったほうが私はいいと思います。
だって、FXを行っている理由は勝つことではなく儲けることですからね。
儲かるトレーダーと損するトレーダーの違いは、

小さな損失を受け入れることができる能力があるのかどうかです。

私たちは小さな損失を受け入れ、大きく儲けることができる場面では大きく儲けるのです。
これを素直に実行していけば、必ず証券口座の残高は増えていきます。

☆マネーマネージメントについて

トレードをする上では大切なものがあります。
また、トレードをする上で絶対になくてはならないものがあります。
絶対になくてはならないものってなんでしょうか。
利益になる可能性の高いシステムでしょうか。
エントリーするための基準になる条件でしょうか。
利食いの方法でしょうか。
ロスカットの設定方法でしょうか。
それとも強い意思でしょうか。

絶対になくてはならないものはトレードをするための資金です。

　トレード資金がなければトレードをすることができません。最初にトレード資金をある程度準備してもトレードをしている間にすべてがなくなってしまったらどんなに素晴らしい手法が見つかってもトレードすることができません。
　チャートを見ることはできますが、トレードすることができなくなってしまうのです。トレードをしていて利益がなかなか出ずに資金が増えないということがあっても資金を失うよりはよいことです。証券口座に残高が必要なだけ残っている限り利益を稼ぐことのできるチャンスがやってくるからです。
　大きなロスカットを被ることになると、その分の損失を埋めるためにはそれまで以上の血の滲むような努力が必要になります。損失が大きくなればなるほど元の資金に戻すのは難しくなります。元の資金が少なくなると同じ割合の利益を得ても資金が少ない分、利益額も小さくなるからです。
　100万円の資金で10％の利益を出すと10万円になります。
　90万円の資金で10％の利益を出すと9万円になります。
　80万円の資金で10％の利益を出すと8万円になります。
　70万円の資金で10％の利益を出すと7万円になります。

60万円の資金で10％の利益を出すと6万円になります。
　50万円の資金で10％の利益を出すと5万円にしかなりません。
　100万円の資金の時には10％の利益で10万円になったのに資金が半分の50万円になってしまうと100万円の資金と同じ10万円の利益を出すためには20％の利益を出さなければなりません。割合で言うと倍の利益を出さなければならないのです。
　これはとても大変なことです。これまでと同じ手法でトレードを行っていれば元に戻すことは非常に難しいでしょう。
　トレードをやっている以上、勝率100％にするのは不可能なことです。仮に100回のトレードを行えば損失になるトレードは必ずあります。それは10敗かもしれませんし、30敗かもしれません。中には50敗という人もいるでしょう。
　トレードにおいて勝率100％は有り得ないのですね。
　勝率100％は有り得ないのですから自分の資金全部を一気に使ってトレードをしてはいけないということがわかります。
　これはマネーマネージメントをしっかりと行わなければならないということです。マネーマネージメントをしっかりと理解し実行していかないと自分の証券口座はあっという間に底をつき、相場の世界からの退場という最悪の事態を招くことになってしまいます。
　一般的に許容できるリスクは1回の売買において資金の2％以内に抑えるのがよいと思います。1回の損失が資金の2％以内であれば10連敗しても資金の20％ダウンですみます。80％の資金は手元に残ることになります。
　仮に20連敗したら資金の40％を失います。トレード資金の40％を失った場合には元に戻すことは非常に難しくなります。それは先程の例を見れば一目瞭然ですね。
　しかし、ここで問題になるのは資金の40％を失ったことではありません。20連敗するような裁量の技術しかないのであれば実際に自分のお金を使って売買をしてはだめなんですね。最悪でも10連敗と考えてください。それ以上負けるようであればあなたの技術が足りないということです。
　技術がないのに大切なお金を使ってトレードをしてはいけないのです。

FXはギャンブルではありません。大切なお金を増やす場です。

　売買1回の損失は2％以内に抑えるべきですが、2％すべてを使う必要はありません。リスクが低くリターンが高いと思われる場面ではリスクを2％とし、リスクが若干高いような場面では1％〜1.5％にするなどの対応が必要です。

　仮に200万円の資金でトレードをしている場合ですと2％は4万円ですね。ドル円3万通貨でエントリーした場合、4万円の損失になるのは1万通貨あたり133pipsの損失になった時です。

　133pips×3万通貨＝39900円となります。

　あなたはドル円のデイトレで130pipsの損失を受け入れられますか？

　そのままでも大きなロスカットですね。仮に、130pipsのロスカットを受け入れたとして利食い目標はいくらにするのでしょうか。

　仮に130pipsの利益が見込めるとした場合に130pipsの損失を受け入れると1：1になります。利益：損失が1：1ではエントリーすべきではありませんね。

　リスクとリターンが同じ比率ではエントリーするべきではないのです。

　利食いに対するロスカットは1/2以下に抑えるのが望ましいと思います。利益2に対して損失は1以下に抑えなければならないのです。

　30pipsのロスカット設定でエントリーした場合には想定利食い幅を60pips以上にするということです。

　50pipsのロスカット設定でエントリーする場合には100pipsの利益が見込めるのかどうかを考えてください。

　過去1週間の1日の値幅はどれくらいなのかを見ると今日の値幅がどのくらいになるのか見当をつけることができます。

　もしロスカットの2倍の利益が見込めないのであればエントリーをしない。またはエントリーする通貨数を少なくするなどで対応するのがよいでしょう。

　ただし、最低単位通貨である1万通貨（1000通貨）での売買は極力避けるべきです。1単位の売買ではエントリーも手仕舞いも正解でないと利益にはなりません。最低でも2単位でエントリーをして分割売買をするべきです。

　できることであれば3回の分割利食いができて、残りを引っ張ることができるように4単位以上でのエントリーをするのがよいですね。

☆もっとマネーマネージメントについて考える

　マネーマネージメントについてもう少し考えてみましょう。
　マネーマネージメントが重要だと考えているトレーダーはどれだけいるのでしょう？
　マネーマネージメントというものがあること自体を知らないトレーダーも多いのが事実なのかもしれませんね。
　実際にマネーマネージメントを習得しているトレーダーは5％程度ではないでしょうか。残りの95％のトレーダーはマネーマネージメントを使わずにトレードを行っているのです。
　マネーマネージメントを使用しないで行うトレードは資産運用ではなくギャンブルと呼ばれても仕方がないでしょう。マネーマネージメントを使うことによりFXはギャンブルではなく資産運用になるのです。
　世間一般では投資で稼ぐ人というと頭の良い人と思われています。それに対してギャンブルする人はただの愚か者とみなされています。
　投資においてもマネーマネージメントを使えないトレーダーはギャンブラーと言われても仕方ないのです。
　マネーマネージメントがしっかりしていれば多少技術が劣っていても利益を手にすることができるのです。
　技術を磨くよりもマネーマネージメントを習得するほうが利益につながるのですね。
　ではもう少しマネーマネージメントについて考えていくことにしましょう。
　現在、私のブログではマネーマネージメントについての記述は皆無と言ってもよいでしょう。
　しかし、私はマネーマネージメントを習得していてそれを有効に使っています。
　トレードにおいて自分の投資資金全部を使って参加すればとんでもない大金を手に入れることができるかもしれません。
　逆に破産するのも簡単にできるかもしれません（笑）。

大金を手に入れる可能性と破産する可能性が同じであったら勝負をするでしょうか。
　大金持ちになる確率と一文無しになる確率が同じなのです。
　私ならしません。そんな丁半博打みたいなことできるわけないですよね。
　トレードはギャンブルではなく資産運用の場だからです。
　マネーマネージメントを習得していれば勝率が50％でも利益を得ることができるのです。
　マネーマネージメントなんて聞くとすごく難しく感じるかもしれませんね。
　難しいと思っているから興味を持つこともできないしヤル気にもならないのですね。
　大切な自分のお金でトレードをしているのですから守るのは当たり前です。お金を守る手段としてマネーマネージメントは絶対に必要なのです。
　ギャンブルの世界にだってマネーマネージメントが存在するのですから、相場の世界でマネーマネージメントを使うのは当たり前なのです。

　まずは損失について考えてみましょう。
　トレードをしていると負けが続くときが必ずあります。連敗するということですね。
　何連敗するかは誰にもわかりません。マネーマネージメントを使用しないでやっていると5連敗もすると嫌になって自分の手法を変えてしまうでしょう。
　システムトレードをしている場合なら5連敗すれば他のシステムに乗り換えたくなり、多くのサイトから有料のシステムを買うことになります。
　そしてそのシステムで5連敗するとまた他のシステムに乗り換えるのです。
　こうして永遠にシステムを買い続けることになるのです。

　先ほどと同じようなことを書きます。しかし、前半の文章が違うと感じ方も変わってくるかもしれませんので、「同じこと書いてるじゃん」と思わずに読んでみてください。
　100万円の資金があるとして売買をする際に1回のトレードでどれだけの損

失を受け入れればいいのでしょう？

1回の損失が10万円になったとすると5連敗で50万円の損失となり全資金の50％を失います。

これはどう見てもリスクを取りすぎているということがわかりますね。

相場の原理原則を勉強し、それを実行すれば大きな連敗はなくなります。それでも5連敗するということがあるかもしれませんね。

5連敗はほとんどあり得ないとしたらその倍である10連敗する可能性は非常に低いものになるでしょう。このあり得ないであろう10連敗が起こったとしてもトレードを続けていけるだけの資産を残さなければなりません。

10連敗しても資金の3/4が残るような損失リスクを取るべきなのです。

そのためには、1回のエントリーに対するリスクを2％以内に抑えなければなりません。

仮に、一回の損失リスクを5％まで許容すれば10連敗すると資金は半分になってしまいます。元の資金が50％減った場合に元の資金に戻すためには100％の利益を上げなければならないのです。

100％の利益を上げてようやく収支がトントンになるのです。

負ければ負けるほどそれを取り返そうとして大きな勝負に出るのが普通の人です。そしてどんどん大きなリスクを取ることになり自分の首を絞めていくのです。

その時の精神状態を考えてみるととんでもないことになるのがわかるでしょう。つまり、最大のリスク許容度は2％にするのが破産への道と資産運用への道の分岐点なのです。

100万円の資金で始めるのであれば1回のリスクは2％の2万円にするのが安全なのですね。

ドル円で10万通貨のエントリーした場合、30pipsの損失を受けると3万円の損失となります。これではリスク許容量を超えてしまいます。

つまり、10万通貨でエントリーした場合には20pipsでのロスカットを徹底しなければならないのです。しかし、ドル円で20pipsの損失というのは結構起こることです。

価格が動き始めれば20pipsはすぐに動きます。

ですから100万円の資金では10万通貨の運用をするのはリスクが高すぎるということになります。

仮にデイトレをする際のロスカットはを20pips〜40pipsの間に設定したとします。平均して30pipsのロスカットだとしたら100万円の資金がある場合、ドル円であれば何万通貨まで運用できるのかを計算してみましょう。

1回のエントリーにおける許容リスクは2％です。

資金が100万円ですから1回のエントリーでは2万円までの損失を受け入れることができるのですね。

平均30pipsのロスカットですと1万通貨で3000円です。

20000÷3000＝6万通貨、余り2000円となります。

つまり、100万円の資金であれば1回のエントリーでドル円であれば最大6万通貨までのエントリーが可能であるということです。

これなら10連敗しても資金の1/5を失うだけに抑えることができます。

6万通貨というのは最大ですからよほど自信のあるエントリーの時だけにします。

通常はさらに安全策をとって半分近くの3万通貨にするのがよいと思いますが、私は4単位以上での売買を推奨していますので、4万単位での売買にするのが一番良いと考えています。

ただし、心理的にも大きな負担にならないようにすることが重要です。常にドキドキしているトレードをしているとストレスが溜まってしまいますからね。

この方法をとっても100万円の資金が半分の50万円になるようであればそれは技術が足りないということになります。

まずはバーチャルトレードから始めて、バーチャルトレードで利益が出せるようになってから実際のお金を使って売買するべきでしょう。

大切なお金を無駄に使うことのないようにしてくださいね。

第7章

FX絵日記・感情のFX日誌をつけよう

☆そうだ、FX絵日記をつけよう

　トレード日誌って知っていますか。
　トレードした日の相場の履歴を記録するのがトレード日誌です。
　では、FX絵日記って知っていますか。
　これも同じです。トレード日誌ではなくFX絵日記という言葉を使っているのは、楽しくFXをやりたいからなんです。
　幼稚園や保育園、小学校低学年の頃、あなたも絵日記を描いた記憶があると思います。楽しく描いていた人もいるでしょうし、絵日記が苦手だった人もいるでしょう。苦手だった人は「絵日記なんか描けるわけないじゃん」と思うかもしれませんが、子供の頃は、楽しかった遠足や学芸会などがあった日には、すごく楽しい気持ちで絵日記を描くことができたのではないでしょうか。
　あなたにとってFXは楽しいものですか？
　私にとってFXというのは、子供の時の遠足のようにとっても楽しいものです。FXをやっている時も子供の頃の遠足の時と同じように楽しいものです。FXも子供の頃の遠足の時と同じようにワクワクするのです。さすがに、遠足前日のようにFXをやる前日にワクワクして眠れないなんてことはありませんけどね（笑）。
　私は車やバイクもすごく好きなんです。同じようにFXも好きなんです。車やバイクでツーリングをしている時もすごく楽しいのです。FXをやっている時も同じようにすごく楽しいのです。
　FXを楽しいと感じている人はFX絵日記をつけるとますますFXが楽しくなるはずです。FXが苦痛だと思っている人は、FX絵日記を書いてみてください。FXの本当の楽しさが見えてくるようになるでしょう。
　絵日記といっても、本当に絵を描いて日記をつけるわけではありません。絵の代わりにFXのチャートを付けるのです。
　「トレード日誌」という呼び方をしてもよいのですが、「FX絵日記」って呼んだほうがなんだか楽しくなりませんか。人生は楽しいほうが良いようにFXも楽しいほうが良いと思うのです。

☆FX絵日記の書き方

　ここではFX絵日記の書き方について説明をしていきます。
　その前になぜ、FX絵日記をつけるとFXが楽しくなるのかを考えてみましょう。それはFX絵日記をつけることによって、自分の売買を分析することができるようになるからです。そのことがトレード技術の上達につながるのです。トレード技術が上達すれば当然、トレードの成績が良くなり儲かるようになります。
　FXをやる理由とは、お金を儲けることです。利益が上がるようになれば当然楽しくて仕方がないのです。FXをやって儲かっているのに楽しくないと感じる人はほとんどいないでしょう。FXを楽しくするためにもぜひFX絵日記をつけてくださいね。
　それではFX絵日記の書き方を見ていきましょう。
　FX絵日記には次のようなことを書いていきます。

1. 当日の方針
2. トレード中の考えや行動
3. トレード毎の損益
4. 当日の感想
5. 当日のチャート添付

　それでは各項目の書き方を詳しく見ていきましょう。

1. 当日の方針

　売買をする当日の方針が決まらなければ、売買をすることができません。当日の方針は、売買を始める前のチャートを元にして、その日はどう対処するのかを考えていきます。
　当日の方針は少なくとも売買を始める30分前には立てておくのがよいでしょう。

【当日の方針】記入例①

　ここ1カ月ほど円安方向への動きが継続していて日足は上昇トレンドである。15分足、1時間足、4時間足もすべて上昇トレンドなので買いだけを考える。

　現在の為替価格は高値から下落していて、上昇トレンドにおける押し目と考えられる。押し目終了からトレンド方向に戻る場面での買いを狙っていく。

　まずは一番短い時間軸である15分足の調整終了からの上昇開始を買う。

　15分足の25本移動平均線で下げ止まり、上昇に転じたら買う。

　押し目が深くなった場合には15分足の調整から1時間足の調整に移行するので一旦見送りとする。

　15分足の支持線である価格を下回った場合には、1時間足も下降トレンドに転換する可能性があるので買いは見送りとする。そして支持線が抵抗線に代わった場合には売りを考える。

【当日の方針】記入例②

※次の例は自分にではなく、他の人に説明するつもりで書いています。

　他の人に説明するようにすると、しっかりと理解してもらえるような書き方を考えるようになります。そうすると自分自身でも納得のいく方針を書くことができるようになります。

図38
日足

図39

4時間足

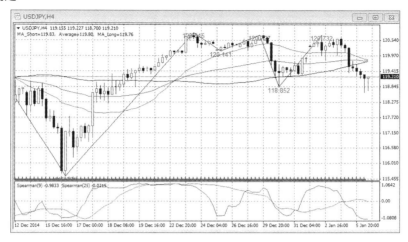

図40

1時間足

第7章　FX絵日記・感情のFX日誌をつけよう　195

図41
4時間足と1時間足のピークボトム合成図

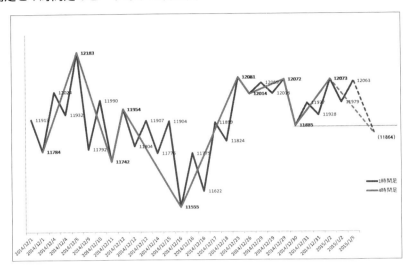

　4時間足のピークボトムによるトレンド判断はトレンドレスになっていますが、直近安値である118.85円を下回りましたので実質下降トレンドと言えます。
　日足を見ると高値切り上げ安値切り上げの上昇トレンドであり価格は移動平均線の上にあります。
　日足は上有利なチャートです。
　つまり、今は日足ベースでの価格の調整になっているということです。
　上昇トレンド中の日足の調整は売ることのできる場面ですね。
　現在のチャートであれば売りを考えていくことになります。
　4時間足、1時間足ともに現在の短期下落波動における安値は118.64円です。
　このまま売るのではなく、短い時間軸の調整（上昇）を待ってからの売り場探しとなりますね。
　上で調整と書いたのは価格の調整です。
　価格の調整にならずに時間の調整になることも頭の中に入れておかなければなりません。

時間の調整となれば、時間の調整終了からの下落再開を売ることになります。

最低でもこの程度の方針を立てておきます。

これだけ詳しい方針を立てて相場に臨めば、勝てるような気がするのではないでしょうか。

FXで負けるトレーダーはその日の方針も立てずに、その場の雰囲気やウェブ上にある他人の意見を元に売買を繰り返します。勝てるトレーダーは、必ずその日の方針を立てて自分の考えだけに基づき売買を行います。

「こんなに詳しい方針を立てることなんて私にはできない」そう思われるかもしれませんが心配しないでくださいね。

毎日方針を立てる練習を繰り返していけば、徐々にですが方針は立てられるようになっていきますから。

2. トレード中の考えや行動

この本で書いている「ストレスフリートレード」とは、システムトレードではなく裁量トレードのことです。裁量トレードですから当然、自分の感覚で売買をするわけです。つまり、なぜ買ったのか、なぜ売ったのかという理由は「買いシグナルが出たから」とは書けません。

「勢いがあったから買った」「相場の動きが逆に動いたから」このような書き方はどうでしょう。この文章を1カ月後、2カ月後に読んで参考になるでしょうか。

「勢いがあったから買った」と書いた場合には、勢いがある状態がどういう状態かを書かなければなりません。誰が見ても勢いがあると判断できる客観的理由が必要です。相場の動きが逆に動くとはどのような動きなのか。何pips以上逆に動いたらそのように判断するのか。後から見て参考にするためには明確な数値や指標が必要になります。

自分の感情として捉えたものは、数日たつと曖昧になってしまいます。明確な数値や指標があれば、後から見ても理由をはっきり認識することができるのです。

方針を立てる時は、何かしら論理的に考えていかなければなりません。

【トレード中の考えや行動】記入例

午後8時（20：00）から翌日の午前2時（26：00）までの6時間のトレードをした場合で、方針は午後7時半に書き上がったとします。

20：00　方針を立てた時間とほぼ同じ価格になっているので、方針は変わらず。

20：20　15分足は押し目の目安となる支持帯までの下落になってきている。
　　　　下への動きが止まって再上昇開始の動きとなれば買う。

20：35　2回支持線の価格を試したが下がらないので買い。
　　　　115.50円で10万通貨買い。

20：40　1回目の利食い。115.80円　3万通貨　残り7万通貨

21：00　1回目の利食い後、ヨコヨコになってきたので2万通貨を
　　　　115.85円で利食い。残り5万通貨

21：19　ヨコヨコから上に動き出す。
　　　　2回目の利食い。116.10円　2万通貨　残り3万通貨

21：30　ヨコヨコから上への動きになったが、2回目の利食い後下がってきて買値近辺まで戻ってきた。
　　　　自分の感覚よりも上昇力が弱いようなのですべて手仕舞い。
　　　　115.55円　返済3万通貨

22：35　ニューヨーク市場が始まり、再び高値調整となったのでこの後は上に抜ける可能性があるのかもしれない。

22：50　上にブレイクしたので116.30円で10万通貨買い。

23：20　エントリー後、順調に上昇したので116.60円で3万通貨利食い。
　　　　残り7万通貨
　　　　1回目の利食い後は動かなくなりヨコヨコに。

24：25　1回目の利食い後、1時間を経過しても価格が上昇しないので4万通貨を116.65円で利食い。残り3万通貨

25：12　ゆっくりと上昇し次の利食い予定価格に到達したので116.90円で2万通貨を利食い。残り1万通貨

25：44　終了予定時間近くになった時点で急落。
　　　　買値の116.30円を下回ってきたので残りの1万通貨を返済
　　　　返済価格は116.18円。

　上記のような内容は時間経過に沿ってトレード時間中に書きます。エントリー前の状況を書いて、どのようになったらエントリーするのかを前もって考えておくと感情による曖昧な売買をしなくなり、余裕のある売買ができるようになります。

3. 損益

　次にFX絵日記に書く内容は損益です。
　損益はエントリー価格、返済価格、損益を記入します。

【損益】記入例

　　115.50円　　　10万通貨　　買い。
　　115.80円　　　3万通貨　　返済　　＋9000円
　　115.85円　　　2万通貨　　返済　　＋7000円
　　116.10円　　　2万通貨　　返済　　＋12000円

115.55円	3万通貨	返済	＋1500円

116.30円	10万通貨	買い	
116.60円	3万通貨	返済	＋9000円
116.65円	4万通貨	返済	＋14000円
116.90円	2万通貨	返済	＋12000円
116.18円	1万通貨	返済	－1200円

本日の合計損益　　＋63300円

4．当日の感想

　1回目のエントリー後、すぐに価格が上昇して1回目の利食いができたので精神的に余裕を持つことができた。

　21：25に価格も下落してエントリー価格近辺に戻ってきたので利食いしたが、それまでに利食いができていたのでもう少し持続していてもよかった。

　22：50に高値ブレイクでの買いはリスクがあったが、1回目のエントリーで利益を確保できていたので躊躇なくエントリーすることができた。利食い千人力とはこのことを言うのかな。

　最後の1万通貨が損失になってしまったのは反省点。

　1回目のエントリーで3万通貨を返済せずに持続しておいたほうがよかったと考えてしまったために、2回目のエントリーの最後の1万通貨は我慢した。その結果、損失になってしまった。最低でもプラスで終えるべきだったのかもしれない。この玉操作についてはまだまだ勉強が必要だと思った。

5．当日のチャート添付

　FX絵日記にその日のチャートを添付しておくと、後から見た時にとてもわかりやすくなります。15分足、1時間足、4時間足、日足のチャートを添付しておくとよいでしょう。ワードなどのソフトを使ってFX絵日記を書いている場合は、チャート画像をHDDなどに保存しておいて、リンクを貼っておいてもよいでしょう。

☆感情のFX日誌をつけよう

　先ほどはFX絵日記を書くことをおすすめしました。
　実はもう一つ書いていただきたい日記があるのです。
　それは感情のFX日誌です。
　FX絵日記に書く内容というのは次のようなものでした。

○当日の方針
○トレード中の考えや行動
○トレード毎の損益
○当日の感想
○当日のチャート添付

　ここでお伝えするのはこのFX絵日記ではなくもうひとつのFX日誌についてです。
　FXというのは為替価格の変動が大きく、価格の予測をすることもできません。
　そのような状況の中で自分の大切なお金を使ってトレードをするのですから不安になるのは当たり前のことです。
　その不安を少なくするために私たちは手法を固め、その手法を元にトレードをするのです。
　それでもトレードをしていれば感情の起伏があるのは当たり前です。
　この感情の起伏は誰もが普通に経験していることです。
　不安というものは精神的な痛みと言い換えることもできますね。
　人間の体は叩かれたりすると痛みを感じます。この痛みがあるから防御をしようとしたり注意をしたりするのですね。
　痛みを感じなければ非常に危険な状態にあっても全く気づかないということがあり得ます。
　痛みは注意を促すサインになっているのです。痛みというとマイナスのイメー

ジで捉えてしまうことが多いのですが、絶対に悪いというものではありません。
　痛みというのは生きていく上において、とても大切なものなのです。
　不安という痛みも見方を変えれば非常に役立つものなのではないでしょうか。
　不安というのはストレスに対する自然な反応であると言えます。
　しかし、不安がトレードのミスにつながることも多くあります。不安が大きくなると利食いすべきではない場面でも利食いをするようになります。
　ロスカットをしなければいけない場面なのに損失が大きくなるという不安によってロスカットができなくなります。
　不安がトレードの妨げになる場合もあるということは確かです。
　しかし、自分がどのような状況の時に不安を感じるのかがわかれば、それに対処することもできます。
　トレード特有の不安に対処できるようになれば正しい売買を行うことができるようになります。
　マーケットで起こる出来事は不安やマイナス思考の引き金になることが多く、トレーダーが正しい判断や、状況に合わせて柔軟な対応を行うことの妨げになります。正しい売買を続けるためには、その時の状況をよく理解し行動を起こさなければなりません。
　そのためには、自分の感情の動きを知っておくことが必要になります。
　自分の感情の動きを知るためにはどうすればいいのでしょうか。

それは「感情のFX日誌」をつけることです。

　「感情のFX日誌」って何？
　そう思われる方もいらっしゃるでしょう。
　感情のFX日誌とは自分の感情が相場に合わせてどのように動いているかを記録していくのです。

☆感情のFX日誌記入例

例)
○20：45　トレードを始める前の感情はどうか。
　買いをメインにシナリオを立てているがすでに押し目から上昇していて強い動きだ。
　すでに上昇している場面で買うのは嫌だなぁ。
　買ってから下がったらどうしよう。
　利食いできなかったらどうしよう。
　エントリーをするべきかしないべきか迷っている。

○21：05　上昇も一段落してしばらくヨコヨコになった。
　ヨコヨコになったので今日の動きであればここからは下がらないだろう。
　ここで買うことにしよう。
　でも買った後に下がったらどうしよう。
　下がったら下がったで仕方ない。よし買おう。

○21：10　買った後に20pips下落した。
　買ってからすぐに上昇することなく下落したのでもっと下がるのではないかという不安な気持ちになる。
　しかし、チャートを確認したら調整の範疇であると判断できた。
　不安が和らいだ。

○21：20　買値に戻った。
　エントリー価格に戻ったことで安心する。
　もっと上がれもっと上がれと思う。
　不安という感情はなくなっている。

○21：43　買値から20pips上の価格がついた。
　30pips上に利食い指値をしているが自分の約定まではまだ10pipsの価格差がある。
　早く上昇して約定しろ早く約定しろと願っている自分がいる。
　もし自分の指値が通らずに下落したらどうしようと不安になる。
　1回目の利食いができなかったらそのまま下落し結局、今回のトレードは損失になるのではないかと不安になる。

○22：05　買値から30pips上で1回目の利食いができた。
　すごく安心している自分がいる。
　と同時に「もっと上がれ、もっと上がれ」と心の中で叫んでいる。

○22：25　再びエントリー価格まで戻った。
　1回の利食いはできているが残りの建玉をここで返済するのはもったいないと思う。
　反面、これ以上下がって残りの建玉がロスカットにかかりトータルで損失になったらどうしようと思う。
　返済しようか耐えようか迷っている。

○22：35　ロスカット価格まで為替価格が下落する。
　ロスカットしなければならない価格なのだが下げ止まっているようにも見える。上下10pipsの間での動きが続いているので、少し我慢しようと思っている。
　ここで耐えろ、と願っている。
　もし一気に下落してロスカットが遅れて損失が大きくなったらどうしようと考え不安になる。

○22：40　一気に50pips下落しロスカットできなかった。
　すごいショックを受けている。
　やっぱり下がったかと思っている。

ロスカットできなかったことを悔やんでいる。
10pips上でもいいから利食いしておけばよかったと考えている。
損失が大きくなったことを悔やんでいる。

　上記のような感情を持ちながらトレードをしているとすれば、感情に流されたトレードをしているということになります。
　感情によって判断をして感情による行動を取ることになるでしょう。
　このようなトレードをしていたら利益を上げることなどできないでしょう。感情が、判断をする上で誤った指針になっていることが一目瞭然です。
　このように感情のFX日誌をつけていくとどのような状況の時に自分が不安になるのかがわかってきます。そして不安になる状況がわかれば、それに対処することもできるようになります。
　買値から20pips下落するといつも不安になるのであればエントリー後しばらく価格が動かなくなった時点で建玉のうち半分を返済してみると精神的に楽になったりします。その結果不安が和らぎ、損益も向上したのであれば次も同じような行動を取ればよいことになります。
　いつもロスカットを我慢することによって損失が大きくなり嫌な感情を持つことがたび重なるのであれば、その感情を排除するために、初めに決めたロスカット価格を守れるようになります。
　ロスカットを守ることにより嫌な感情がなくなってくれば成績も安定してくるようになります。どのような状況で嫌な感情になるのかがわかればその感情にならないように対処することができるようになるのです。
　「感情のFX日誌」をつけることによって今まで自分では気づいていなかった感情に気づくことができるようになります。
　そして否定的な感情が日誌から消えていくようになると、正しい売買が多くなってきます。正しい売買が多くなれば当然成績も安定し利益が増えてくることになるのです。
　損益が安定しない方は、「FX絵日記」と一緒に「感情のFX日誌」をつけてみてくださいね。必ずあなたの役に立つと思いますよ。

☆得意なパターンと苦手なパターンを見つけよう

　FX絵日記という形でトレード結果を残しておくと、記憶に残るうえに、後日トレードの結果を見直すこともできます。同じような場面があった時には、過去のFX絵日記を見て方針を立てることもできます。

　このようにして、ある程度の回数のトレードを行ったらエントリーの理由ごとに成績をまとめてみましょう。

　そのデータから、自分の得意なパターン、苦手なパターンを見つけることができます。得意なパターンがわかれば、その時にだけエントリーすれば利益につながる可能性が高くなります。わざわざ苦手なパターンの時にエントリーするのは精神的によくないだけでなく、利益につながる可能性も低くなりいいことはありません。

　また、「下降トレンドでは買わないと決めていたのに買ってしまった」「自分の決めたロスカット価格でロスカットすることができなかった」「エントリーチャンスだったのに躊躇してエントリーすることができなかった」等、自分のルールを破ったケースごとに分けるのも効果的です。

　どのようなルールを破ることが多いのか統計を取ることで、自分の弱点を知ることができます。

　そして、統計を取ったならば、一番多いルール違反から絶対にやらないように意識をして行動することが大切です。

　例えば、「今月は絶対に上昇トレンドでは売らない」と決めたのであれば、それを紙に書いて自分の目の前の見える場所に貼っておきます。そして、その決まりを実行していくのです。こうすることにより、自分のルール違反を克服することができるようになります。

　一番多いルール違反を克服することができたら、次は二番目に多いルール違反を同じように直していきます。後はこれを繰り返していけばよいのです。

　人間というのは教えられたことよりも、自分自身で経験したことのほうが印

象に残ります。FX絵日記をつけることによって、自分の売買を分析し、その結果身についた自分の手法は本当の力になります。

　ぜひ、FX絵日記を書いてみてくださいね。自分の売買を分析することはとても楽しいことですよ。FX絵日記をつけるだけで、今まで行ってきたFXが見違えるように変わってくるはずです。全く違う世界が見えるようになります。これはオーバーな話ではなく本当の話です。

　FX絵日記はノートに書くのもよいのですが、今の時代はインターネット上でブログや日記を利用することができますので、楽しいと思える方法で始めてくださいね。楽しいと思えることは継続することができます。辛いと思うことは継続することができません。ですから自分のやりやすい方法、楽しい方法で始めてください。

　継続するということがとても大切です。継続してFX絵日記を書くことが習慣になればやめられなくなりますから。

　FX絵日記を半年も書き続けていくと、利益が上がるようになり、子供の頃の楽しかった気持ちを思い出すことになるでしょう。

第8章

シナリオトレードのすすめ

☆シナリオを考えよう

　FXで利益を上げるためにシナリオを考えましょう。
　トレードをする前に、シナリオやプランを立てることは非常に重要です。
　売買するときは、シナリオやプラン、相場の定石に従わなければいけません。トレードプランを立てそのプランどおりにトレードをしましょう。
　プランを持つことは、なぜトレードするのかを自分自身が考えたことを意味し、そのトレードについて十分に根拠があるということです。
　トレードの根拠を考えないでプランなど作れないからです。
　売買してから様子見するなどは、博打と同じで運任せと言えます。私たちは為替価格が上昇するのか、下落するのかを確実に知ることはできません。為替価格の動きを知っているのは相場の神様だけなのです。
　相場の原理原則やセオリー、そして確率を味方につけ状況を判断することでトレードしましょう。トレードプランやシナリオを持つということは、思惑とは反対の方向に動いた時にどうすべきかをあらかじめ考えておくということです。
　したがって、自分の思惑と反対に動いた時に、固まってしまってパニックになるようなことはありません。
　人間はパニックに陥ると通常では絶対に行わない行動をたやすく行ってしまいます。ですから、パニックにならないように予めトレードプランを立てシナリオを持つのです。
　セオリーや確率を判断してトレードプランを立てると上手くいかないときより上手くいく回数のほうがはるかに多くなるはずです。
　一日のトレードが終わってからじっくり明日のトレードプランを考えるといいでしょう。トレードプランを立てるための時間はたっぷりあります。
　通常夜にトレードを行っているのであれば無理して昼間に取引を行う必要はありません。本業で仕事をしている時間にトレードをする必要はありません。
　トレードプランを立てることのできる時間帯でトレードをしましょう。
　トレードプランは次のようにして立てます。

1. 上昇トレンドでは押し目買い、下降トレンドでは戻り売りをする。
2. 長期トレンドから短期トレンドを見る。
3. 週足・月足のチャートもたまには見る。
4. 重要な支持・抵抗はどこかを調べる。
5. 移動平均の方向はどちらかを調べる。
6. 重要なトレンドライン・チャネルはどこかを調べる。
7. 38.2％・50％・61.8％の押し・戻しはどこかを調べる。
 （フィボナッチ・日本でいう三分の一押し・半値押し・三分の二押し と同じ）
8. 各時間軸のピークボトムを確認する。
9. オシレータは、買われすぎか？ 売られすぎか？ を調べる。
10. オシレータにダイバージェンスはあるかどうかを確認する。
11. 相場をシンプルに考える。複雑なものが良いとは限らない。
12. 分割売買、あるいは分割仕掛けと分割利食いを利用する。
13. 分割仕掛けのとき、負けているポジションから手仕舞う。
14. 常にストップオーダーを使って損失を限定する。
15. マネーマネージメントの原則に従う。
16. シナリオは3つくらい考える。
17. ニュースや情報は、無視するようにする、あまり真剣に受け取らない。

　ここまでのことをチェックしてから現在までの流れを考えます。

「えっ、こんなにも多くのことをチェックするの？」
「そんなこと自分にはできないよ」

　そう思われた方もいるかもしれません。
　あなたはFXを仕事として捉えていますか、それともギャンブルとして捉えていますか。または、簡単に儲かる方法のあるものと捉えていますか。
　FXで利益を上げるためには最低限行わなければならないことがあります。
　それが上記の項目です。

最低でもこれだけのことを行わなければトレードを仕事として捉えることはできません。トレードは単に自分の欲求を満たしてくれるギャンブルになります。
　これができなければトレードを仕事として行うのは諦めたほうがいいでしょう。仕事として利益を得ることを諦めてください。
　私はトレードを仕事として捉えています。ですから、これらのことを確認するということは面倒なことではなく楽しいことなのです。
　だって仕事って楽しいものじゃないですか。
　仕事がつまらなければ人生もつまらなくなります。
　仕事を楽しむためには仕事を好きになることです。
　好きになるためには一生懸命やることです。
　本気で真剣にトレードに向かい合うのです。
　そうすればトレードが自分に向いているのか向いていないのかがわかります。
　もし本気で真剣に一生懸命やっても好きになれないのであれば違う職業を選択したほうが幸せになれる可能性が高くなります。
　トレードだけが仕事ではありません。
　トレードだけが人生ではありません。
　一生懸命にやって楽しいと感じることができたのであれば前記の項目を調べることは楽しいことになってきます。
　さて、前記の項目を調べ終わったらそれをもとに現在の流れを考えていきます。

　大きなトレンドは、上なのか下なのか？
　前日のトレンドは、上なのか下なのか？

　では、それを受けて本日のトレンドはどうなるのか？　と考えていきます。
　裁量の技量が上がってくると「当日のトレンド」を重視するようになります。
　それはなぜかというと、
　「大きなトレンド」
　「前日のトレンド」

というのは当然のこととして頭に入っているからです。
　意識しなくても大きなトレンドや前日のトレンドは体が覚えているのです。
「大きなトレンドは○○」「前日は△△」
　では、それを受けて本日はどうなるのか。
○前日のトレンドを引き継ぐのであれば……
○前日が反トレンド（調整）だと考えると……
○トレンドの時間は……　反トレンドの時間は……　またその値幅は……
　「大きなトレンド」→「前日のトレンド」→「当日のトレンド」の順に通常は考えますが、逆に考えることも必要なのです。
　「当日のトレンドが大きなトレンドにどのような影響を及ぼすか」ということです。
　だいたいこういうことを考えシナリオやプランを立てます
　そして「買うのか」「売るのか」「見送るのか」結論を出します。

　次に考えることは、

①その結論により取引単位数を考える（よくわからなければ減らすなど）
②許容できるリスクはいくらか
③利益目標は？
④どのタイミングで市場に参加するのか？
⑤買うなり売るなりしたときは、ロスカットはどの価格にするのか。

　こういうチェックリストで考えたからといってそのトレードが成功するとは限りません。しかし、正しい問題意識を持つことには役立つと思います。
　チェックリストを持たない人より持った人のほうがはるかに正しい答えを見つけ出すことができるはずです。
　皆さんも自分自身のチェックリストを作成してくださいね。

　テクニカル分析は、経験と学習で上達します。常に学習し続けることですね。

☆シナリオと違う動きになった場合は
　どうするか

　いくらトレードプランやシナリオを立ててトレードに臨んでもそのシナリオどおりの動きになるとは限りません。
　いやむしろシナリオどおりの動きにならないほうが多いかもしれません。
　では、シナリオと相場が違ったときにはどのような心持ちで臨めばいいのでしょうか。
　例えば、「トレードを始めた時間の価格が115.30円となり、その後調整に入り価格が下落する可能性が高い」というシナリオを立てたとします。
　実際には下げることなく115.60円までダラダラと上昇してきたとします。
　シナリオを立てることに慣れていないころには次のような気持ちになります。

「相場が自分の考えと違う動きになっている。なんでだろう？」
「上げるなら一気に上げれば諦めもつくのにどうしてダラダラと上げるのだろう？」
「こんな上昇では買うに買えないし、売るに売れない。今日は売買ができないのか？」

　このようなネガティブなことではないでしょうか。
　そしてすごくイライラするのです。ストレスフリーを目指してシナリオ売買を行っているのに逆にストレスが溜まってしまうのですね。
　ネガティブに考えるからストレスが溜まるのだから、こんな時は割り切ってビジネスライクに考えればいいのではないかと思いますよね。

「相場の動きが自分のシナリオと違うのだから仕方ない」
「自分でどうこうできるわけではない」
「相手が相場なんだから取引が閑散としていて動きが緩慢な時もあるだろう」
「今日売買できなくても明日売買すればいいや」

このように考えることができればとても楽になりますよね。

でも、実際はそう簡単に割り切れるものではありません。

こう思うのは当然のことであり、多くの人が通る道です。

特にシナリオ売買を始めた当初というのはこのように考えることが多くなります。なぜなら、多くの本やセミナーに参加し、FXの勉強をしているのです。

そしてその中から新しい手法を見つけ自分のものにしようとチャレンジしているのです。

新しい手法に希望を持ち、自分の夢が叶うのではないかとワクワクしているのです。

それが思ったとおりにならないのですからイライラするのは当たり前です。

新しい手法というのは、すぐに確実に儲かるテクニックなのではないかと思っているのですね。

しかし、テクニックや手法と心理の揺れ動きは全く別のものなのです。

シナリオ売買を長く経験されている方からメールをいただくことがあります。

その方々からのメールで目に付くのが次のような言葉です。

「無駄な売買をすることがなくなってきました」
「チャンスを待てるようになりました」
「エントリーできない日でもイライラしなくなりました」

つまり、シナリオ売買を自分のものにできたということだと思います。

●無駄打ちとは

ちょっと無駄打ちをなくすためにはどうすればいいのか考えてみましょう。

無駄打ちとはなんでしょうか。

1回の売買において損益がマイナスになったから無駄なエントリーになってしまった。だから今回のエントリーは無駄打ちだった、という意味ではありません。

無駄打ちとは次のようなエントリーを言います。

○その場の思いつきでエントリーしてしまった。
○自分のエントリー条件に達していないのに待ちきれずにエントリーしてしまった。
○値動きを見ていたら、勢いがあったのでエントリーしてしまった。
○売買で損失を出してしまい、その負けを取り返そうと考え無理やりドテンした。または、ナンピンした。

　つまり、利益になる可能性が低いのにもかかわらずエントリーしてしまった売買を無駄打ちというのです。
　これらの無駄打ちを減らすためには、
「戦略を前もって立てておき、それ以外のエントリーはしないと決める」
これに尽きます。
　今まで毎日エントリーしていた人がエントリーしないようにするというのはすごく大変です。
　自分のエントリー条件に合わなければ1日に1回のエントリーチャンスがないこともあります。2日連続3日連続でエントリーチャンスがこないことだってあるのです。
　ここで我慢できずにエントリーしているようでは無駄打ちをなくすことはできません。戦略は、本やセミナーで学んでいきながら徐々に精度を上げたり、幅を広げたりすればいいのです。
　まず、最初にやることは相場中毒から脱却することです。そして無駄打ちをなくすことです。
　この2つを考えて行動していくようにしてくださいね。

　多くの人はトレードの成功や失敗ということを損益で評価しがちですが、
「シナリオで想定していない動きだったので見送ることができた」
ということで自分を褒めてあげてもいいと思いますよ。
　エントリーするべきでない場面では待つ。
　何もしないということもとても大切なのです。

自分のシナリオにはない飛び乗り売買で利益を上げたとしてもそれは成功ではありません。
　失敗売買なのです。
　このような失敗売買を繰り返し行ってもプラスにはなりません。プラスにならないどころかマイナスになってしまうのです。
　失敗売買とは間違った売買のことです。成功売買とは正しい売買のことです。正しい売買を行った場合でも損失になることは当然あるのです。
　しかし、その損失は後になって必ず自分にプラスになって返ってきます。正しい売買の損失は貯金しているようなものなのですね。
　逆に、間違った売買を行った時に利益になることも当然あるのですね。
　しかし、その利益は損失と同じように後になって必ず自分に返ってきます。返ってくるのはプラスになって返ってくるのではなくマイナスとなって返ってくるのです。つまり、間違った売買による利益は借金をしているのと同じことなのです。
　貯金するのと借金するのとでは、将来どちらのほうが多くのお金が貯まるのかは子供にだってわかりますよね。
　その子供にさえ理解できることを、トレードに参加している多くの人は実行することができないのです。
　ここまで読んでも実行できないという人は、実際にお金を使って売買をするのではなく、
　バーチャルトレードを行ってください。
　バーチャルトレードでしたらいくらエントリーしても損失にはなりません。
　バーチャルトレードで利益を上げられるようになってから実際のお金を使って売買をするのです。
　このバーチャルトレードさえできないという人は、どうぞ自分のお金を使って今までどおりに売買を続けてください。

もちろん、FXをギャンブルと捉えて。

その結果行き着くのは…………

☆シナリオ作成とエントリー・イグジット

◎2015年1月6日ドル円シナリオ作成例

図42
日足

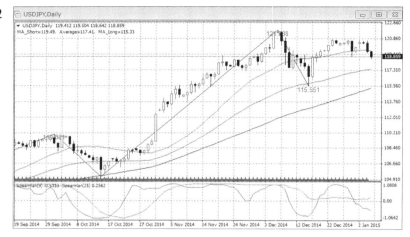

図43
4時間足

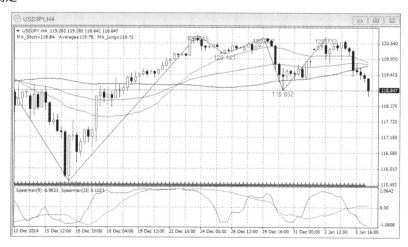

図44

1時間足

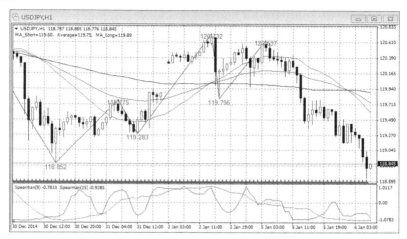

図45

4時間足と1時間足のピークボトム合成図

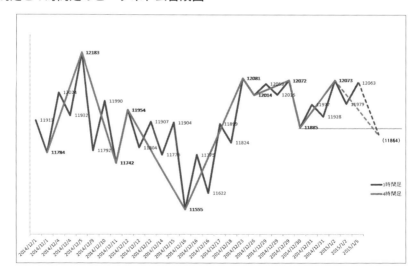

上記のチャートは1月6日、午後4時の時点でのチャートになります。

それぞれのトレンド判断を見ていきます。

1. ピークボトムによるトレンド判断

日足
　　高値　　110.08 - 121.83
　　安値　　105.18 - 115.85
　　高値切り上げ安値切り上げの上昇トレンド。

4時間足
　　高値　　120.72 - 120.73
　　安値　　118.85 - 118.64（未確定）
　　高値切り上げ安値切り下げのトレンドレス。

1時間足
　　高値　　120.73 - 120.63
　　安値　　119.79 - 118.64（未確定）
　　高値切り下げ安値切り下げの下降トレンド。

2. 移動平均（MA）との関係
　　日足　　　　価格は移動平均線の帯の上限にあり、上有利
　　4時間足　　価格は移動平均線の帯の下にあり、下有利
　　1時間足　　価格は移動平均線の帯の下にあり、下有利

総合的に判断をしてみましょう。

日足
　　ピークボトムによる判断　　　　……　　上昇トレンド
　　移動平均線との関係による判断　……　　上昇トレンド

4時間足
　　ピークボトムによる判断　　　……　トレンドレス
　　移動平均線との関係による判断　……　下降トレンド

1時間足
　　ピークボトムによる判断　　　……　下降トレンド
　　移動平均線との関係による判断　……　下降トレンド

　4時間足のピークボトムによるトレンド判断はトレンドレスになっていますが、直近安値である118.85円を下回りましたので実質下降トレンドと言える。
　日足を見ると高値切り上げ安値切り上げの上昇トレンドであり価格は移動平均線の上にある。
　日足は上有利なチャートと判断できる。

　つまり、今は日足ベースでの価格の調整になっている。
　日足の上昇トレンドにおける調整の動きは売ることのできる場面になる。
　このチャートであれば売りを考えていくことになる。

　4時間足、1時間足ともに現在の短期下落波動における安値は118.64円になっている。
　このまま売るのではなく、短い時間軸の調整（上昇）を待ってからの売り場探しとしたい。
　上で調整と書いたのは価格の調整のことであり、価格の調整にならずに時間の調整になることも頭の中に入れておかなければならない。

　時間の調整となれば、時間の調整終了からの下落再開を売ることになる。

◎2015年1月6日　売買例

図46をご覧ください

図46

シナリオを作成したのはAの時間帯です。

ここから調整を待って売り場探しというシナリオでした。

Aからの動きでは時間の調整ではなく価格の調整（上昇）となり、1時間足の移動平均線の帯の下限までの戻しになりました。

そして、調整終了からの下落再開となりましたので、Bの119.03円で売るということになります。

その後は118.04円までの1円下落となっています。

この間に分割で利食いをしていきます。

・20pips刻みの利食いの場合であれば、次のようなトレードになります。

119.03円　売りエントリー
118.83円で1回目の利食い
118.63円で2回目の利食い

118.43円で3回目の利食い
118.23円で4回目の利食い

4回の利食いをした後はトレイリングストップに変更。
残りの通貨はCの118.82円で利食って終了。

合計損益

20pips ＋ 40pips ＋ 60pips ＋ 80pips ＋ 21pips ＝ 221pips

◎2015年1月7日ドル円シナリオ作成例

図47
日足

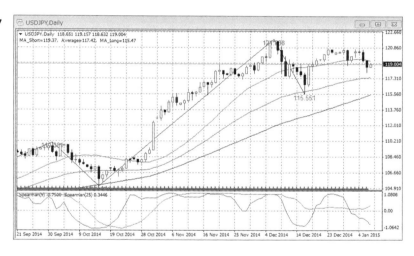

図48

4時間足

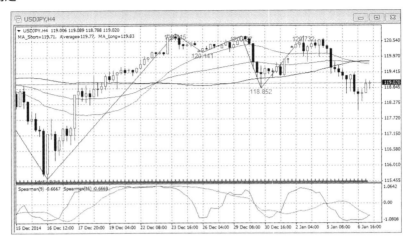

図49

1時間足

図50 4時間足と1時間足のピークボトム合成図

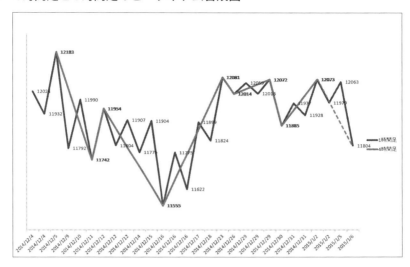

上記のチャートは1月7日、午後4時の時点でのチャートになります。

それぞれのトレンド判断を見ていきます。

2. ピークボトムによるトレンド判断

日足
    高値　110.08 − 121.83
    安値　105.18 − 115.85
    高値切り上げ安値切り上げの上昇トレンド。

4時間足
    高値　120.72 − 120.73
    安値　118.85 − 118.04（未確定）
    高値切り上げ安値切り下げのトレンドレス。

1時間足
　　高値　120.73 − 120.63
　　安値　119.79 − 118.04
　　高値切り下げ安値切り下げの下降トレンド。

2. 移動平均（MA）との関係
　　日足　　　価格は移動平均線の帯の上限にあり、上有利
　　4時間足　価格は移動平均線の帯の下にあり、下有利
　　1時間足　価格は75本移動平均線の下にあり、下有利

総合的に判断をしてみましょう。

日足
　　ピークボトムによる判断　　　……　上昇トレンド
　　移動平均線との関係による判断　……　上昇トレンド

4時間足
　　ピークボトムによる判断　　　……　トレンドレス
　　移動平均線との関係による判断　……　下降トレンド

1時間足
　　ピークボトムによる判断　　　……　下降トレンド
　　移動平均線との関係による判断　……　下降トレンド

　4時間足のピークボトムによるトレンド判断はトレンドレスになっているが、直近安値である118.85円を下回ったので実質下降トレンド。
　日足を見ると高値切り上げ安値切り上げの上昇トレンドであり価格は移動平均線の上にある。日足は上有利なチャートになっている。
　つまり、今は日足ベースでの価格の調整になっているということだ。

昨日のトレンド判断と同じになっている。
今日も日足の調整であり売ることのできる場面ということになる。

4時間足、1時間足ともに現在の短期下落波動における安値は118.04円になっている。
今日も昨日と同じトレンド判断なので売りを考えていくことができる。
16時の時点では1時間足の移動平均線の帯の中までの調整になっている。
1時間足の調整であり、調整終了からの下落は売れるチャートだ。
4時間程前には一度売りエントリーのチャンスになっていて、その後下げてから戻しに入っているので、しっかりと調整を待って売り場探しとしたい。

◎2015年1月7日　売買例

図51をご覧ください

図51

シナリオを作成したのはAの時間帯です。
すでに調整がすんでいて、ここから下落開始という動きになっています。
Bの118.95円で売りになります。

118.75円で1回目の利食い

　1回目の利食いの後は118.68円までの下落で下げ止まり上昇開始となりました。

　売値と同値の118.95円で一部返済
　119.05円で一部返済

　残りはAの高値を超えたCの119.25円で返済して終了。

1回目合計損益
　20pips ＋ 0pips － 10pips － 30pips ＝ － 20pips

　1回目のロスカットをした後は119.63円までの上昇になりました。
　この価格帯は移動平均線の帯の上限に当たります。
　ここからの下落は調整終了からの下落として、もう一度売れるチャートです。

Dの119.38円で売りエントリー

　119.18円で1回目の利食い
　118.98円で2回目の利食い

　その後は118.83円で下げ止まります。

　調整終了からの下落再開であれば、当然Bを割りこまなければならないのです。それが118.83円で止まるというのは変な動きです。
　変な動きになった場合には建玉を軽くするのがセオリーです。
　119.14円で一部返済
　残りの通貨は移動平均線の帯を上回ったところ119.48円で返済して終了。

2回目合計損益

20pips ＋ 40pips ＋ 24pips － 10pips ＝ ＋74pips

1回目2回目を合わせた損益

－ 20pips ＋ 74pips ＝ ＋ 54pips

◎2015年1月8日ドル円シナリオ作成例

図52
日足

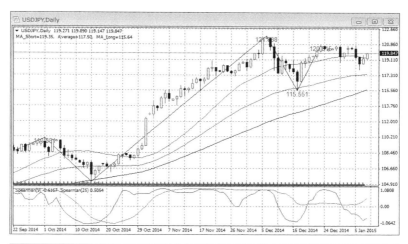

図53
4時間足

図54
1時間足

図55
4時間足と1時間足のピークボトム合成図

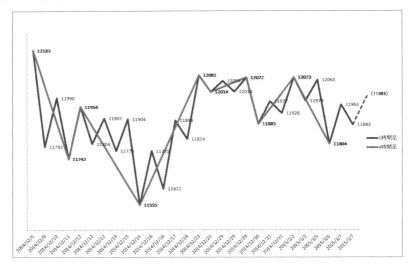

　　上記のチャートは1月8日、午後4時近辺でのチャートになります。

それぞれのトレンド判断を見ていきます。

3. ピークボトムによるトレンド判断

日足
　　高値　　110.08 - 121.83
　　安値　　105.18 - 115.85
　　高値切り上げ安値切り上げの上昇トレンド。

4時間足
　　高値　　120.72 - 120.73
　　安値　　118.85 - 118.04（未確定）
　　高値切り上げ安値切り下げのトレンドレス。

1時間足
　　高値　　119.63 - 119.89（未確定）
　　安値　　118.04 - 118.83
　　高値切り上げ安値切り上げの上昇トレンド。

2. 移動平均（MA）との関係
　　日足　　　　価格は移動平均線の帯の上限にあり、上有利
　　4時間足　　価格は75本移動平均線と同価格帯にあり、下有利なトレンドレス
　　1時間足　　価格は移動平均線の帯の上にあり、上有利

総合的に判断をしてみましょう。

日足
　　ピークボトムによる判断　　　……　上昇トレンド
　　移動平均線との関係による判断　……　上昇トレンド

4時間足
　　ピークボトムによる判断　　　……　トレンドレス
　　移動平均線との関係による判断　……　トレンドレス

1時間足
　　ピークボトムによる判断　　　……　上昇トレンド
　　移動平均線との関係による判断　……　上昇トレンド

　4時間足のピークボトムによるトレンド判断はトレンドレスになっているが、直近安値である118.85円を下回ったので実質下降トレンドと言える。
　120.73円から118.04円まで26.9銭の下落となっている。この下落に対して119.89円まで18.5銭の上昇となっている。
　119.89円までは68.7％の戻しで2/3戻しというところになる。
　移動平均線との関係においても移動平均線の帯の上限だから戻しの限界という場面だ。

　1時間足の調整を否定して4時間足の調整になってきていて、これ以上上昇すると4時間足の調整から日足の上昇に戻ってきそうだ。
　日足を見ると高値が120.81円で確定し高値切り下げ安値切り上げのトレンドレスになった。
　価格は移動平均線の上にある。
　今後120.81円を上抜くと自動的に安値も確定し高値切り上げ安値切り上げの上昇トレンドに戻ることになる。
　日足は上有利なチャートのままだ。

　総合的に判断をすると、紛れてきているようだ。
　現在のチャートでは無理して売買を行うという雰囲気ではなく様子見というチャートだ。
　今後120.81円を上抜いてくるのであれば4時間足の調整を否定する可能性が

高くなり日足も上昇トレンドに戻るので買いを考えていけることになる。
　それまでは何もせずに様子見がいいのだろう。
　120.81円を上抜いてからは買い場探しにしたいと思う。

21：00にもう一度シナリオを立てる

　1時間足の調整から4時間足の調整へと移行した。
　そして、価格は4時間足の移動平均線上限までの戻しになっている。
　今の動きが4時間足の調整であるならば、この移動平均線上限で上げ止まり再下落開始となってくるはずだ。
　これ以上上昇すると4時間足の調整を否定し日足の上昇へと戻ることになる。
　4時間足チャートを見ると120.81円、120.72円、120.73円という3つの高値がほぼ同じ価格にある。
　この中で120.81円というのは日足の直近高値と同じ価格だ。
　120.81円を上抜くことになると現在トレンドレスになっている日足が上昇トレンドへと転換することになる。
　120.81円は重要なポイントになってくる。
　この価格を上に抜けてくるようであれば買いを考えていけるチャートに変わってくる。
　120.81円を上抜いた後の短い時間軸の調整を待って買い場探しとしようか。
　上抜けずに下落した場合は様子見にしたいと思う。

◎2015年1月8日　売買例

図56をご覧ください。

図56

16時の時点では紛れてきているようなので様子見という判断でした。
そして21時になってもまだ様子見継続というシナリオになっています。
よって、この日のトレードは無しということになり、様子見継続です。

合計損益
　ノートレードのため　0pips

☆個人トレーダーは「様子見」という行動が選択できる

　個人トレーダーには「買う」「売る」という行動とは別に「待つ」という行動も選択することができます。
　FXは、多くエントリーすればするほど儲かるものではなく、いかにわからないときは手を出さないかが大切です。
　ディーラーやファンドマネージャーなどは、何もしていないと仕事をしていないように言われます。
　証券会社に限らず、サラリーマンは何もしていないと仕事をしていないように感じたり、損をしたように感じたりします。
　それは会社がお金を払って雇っているのですから何もしないのであれば、何かすることを探せと無言の圧力をかけているからでしょう。ですからサラリーマンの方がこのように感じるのは仕方のないことです。
　しかし、トレードするときは、何もしないということも大切なのです。
　何もしないというのは非常に難しいことなんです。

　スタンフォード大学の心理学者・ウォルター・ミシェルが行った「マシュマロ・テスト」という有名な実験があります。
　4歳児がマシュマロを食べずに我慢できるかという実験です。
　実験では、4歳児たち（186人）を小さな部屋に招き、マシュマロを子供たちの前に置きます。
　そして、「いま食べてもいいけれど、今から15分間待つことができたらもうひとつマシュマロをあげるね」
　「もし、途中で食べたくなったら、ベルを押せば食べられるよ。その代わりに、もうひとつのマシュマロはもらえないよ」
と子供に伝えて、実験者は部屋を出ます。

　参加した4歳児のうち約25％が、15分後まで「待つこと」に成功しました。

75％の子供たちは我慢できずに食べてしまいました。

　そして1988年に追跡調査が実施されました。
　マシュマロを食べなかったグループが周囲からより優秀と評価されていること、さらに両グループ間では、大学進学適性試験（SAT）の点数には、トータル・スコアで平均210ポイントの相違が認められるというものでした。
　ウォルター・ミシェルはこの実験から、幼児期においてはIQより、自制心の強さのほうが将来のSATの点数にはるかに大きく影響すると結論付けました。

　2011年にはさらに追跡調査が行われ、この傾向が生涯のずっと後まで継続していることが明らかにされました。

　FXだけではなく、人生においても待つということは大切なのですね。

　ジョージ・ソロスがモルガン・スタンレー証券にいる友人パイロン・ウィーンに次のように言っています。

　「君の問題は、毎日仕事に行って何かをしなければいけないと思っていることだよ」。
　「私は、そうじゃない」。
　「私は仕事に行って意味があるときしか仕事をしない」。
　「意味があるときには徹底的に働くんだ」。
　「でも君は、毎日何かをやっているので特別な日があってもそれに気づかないんだ」。

　バークシャー・ハサウェイ社の株主へむけてウォーレン・バフェットは次にように言っています。、

　「株式については、何ヶ月も大した投資をしていません」。

「いつまで待ち続けるかというと、いつまでも待ちます。時間制限などありません」。
　　　（中略）
「なにか納得のいくものが見つかったなら、とても素早くとても大きく動きます」。
「私は何かやったことによってで給料がもらえるわけではありません」。
「正しかったときにだけ報酬をもらえるのです」。

- 秘訣は、することがないときは何もしないことだ。（ウォーレン・バフェット）
- 成功するためには暇な時間がいる。両手にたっぷり余るぐらいの時間が必要だ。　　　　　　　　　　　　　　　　　　　　（ジョージ・ソロス）
- ソロスの秘密？　まずは無限の忍耐力だ。　　　（ロバート・スレイター）

　自分の基準に合うトレードが見つからないときは、見つかるまでいつまでも待てるだけの忍耐力を持つということなのでしょうね。
　エントリーできない日があっても焦る必要はありません。近いうちに必ず自分の基準に合うトレードチャンスがやってきます。

☆これで勝てるようになる
　仮想売買のやり方

　FXで利益を上げるためには練習が必要です。どんなスポーツでも練習を積み重ねうまくなってから試合に出ます。しかし、FXの世界では練習なしの一発本番でトレードをする人たちが後を絶ちません。

　FXというのは世界中のプロがひしめき合っている世界です。プロ相手に勝とうなんて無謀な話です。よく考えれば勝てるわけがないとわかるのに、勝てそうだという気持ちだけで練習なしでトレードをするのです。そして、負けると授業料だから仕方ないと言うのです。

　本当にそのお金は授業料なのでしょうか。授業料を払って、その人のトレード技術は向上したのでしょうか。ただ単に、FXをギャンブルとして楽しんだだけではないでしょうか。

　FXで利益を上げるためにはしっかりと勉強をして、そこで覚えた知識を自分のものにしなければなりません。知識を技術に変えなければなりません。そのための練習が仮想売買です。

　ここでは私のおすすめする仮想売買（バーチャル売買）のやり方を書いていきます。

　すでに何回か書きましたが、実際の資金を使って売買をしていて利益に結びつかない方はもう一度仮想売買から練習してくださいね。

　私は実際に自分のお金を使って売買をするのは自分の手法が固まってからにするのがよいとお伝えしています。

　勘や勢いでエントリーやイグジットをしていてはいつまでたっても上達しませんし、自分の資金を減らすことになります。

　仮想売買で利益を出せるようになって初めて実際のお金を使って売買をすることが自分の資金を減らさないために必要なことです。

　仮想売買の方法ですが、ただ単にFX絵日記をつけて売買をしたつもりにすればいいというものではありません。

　仮想売買なので実際のお金は動きませんし、エントリーしたつもりの場所を

後から少し変更して自分に有利な価格にすることも可能です。

実際の売買とほぼ同じような環境にする必要があるのですね。

あなたはFXを始めようと思った時に、どのくらいの資金から始めるのでしょう。FXを始めるためには証券会社に証拠金を入金しなければなりません。

証券会社により、取引に必要な最低証拠金の額は違いますね。最低4000円という証券会社もありますが5万円から10万円としているところが多いのでしょうか。

ここでの仮想売買はドル円を取引する場合で考えてみましょう。

現在のドル円相場が120円だとします。銀行などで1万通貨を両替するには120万円の資金が必要です（手数料は除く）。しかし、FXは現在個人では25倍のレバレッジを効かすことができます。つまり、120万円の25分の1である47,200円の証拠金があれば1万通貨の取引ができるということになります。

この本でも紹介していますが、私はトレードにおいては分割売買を推奨しています。ここで言う分割売買とは、複数単位でのエントリーをして、数回に分けて手仕舞いをする方法です。

例えばドル円を120円で買うとしたら1万通貨ではなく10万通貨を買う。

1回目の利食いを20pips上の120.20円で行う。2回目の利食いを40pips上の120.40円で行う。3回目の利食いを60pips上の120.60円で行う。残りの通貨は思いっきり利益を引っ張る、このような方法です。

規則的に3回の利食いとトレイリングストップ等を使った利食いで4回の分割返済をするのが基本になります。つまり、分割売買でトレードをする場合は最低4万通貨でのエントリーをすることになります。

1万通貨証拠金が47,200円であれば4万通貨で188,800円が必要になります。

20万円程度の資金で始めた場合には、1回目のトレードで損失が出ると次回からは4万通貨でのエントリーができなくなります。つまり、4万通貨でのエントリーをする場合でも余裕資金が必要になりますね。

余裕資金は最低でも3倍は必要でしょう。

188,800円の3倍ですから566,400円ということになります。

最低でも50万円程度の資金がなければ1万通貨単位での取引をするのは危

険であるということになります。取引単位を1000通貨にした場合はこの10分の1ということになります。

　なぜ仮想売買をするのに必要資金の話をしているのかというと、仮想売買の結果が素晴らしい結果になった場合、その後実際にお金を使って売買をする際には自分の資金がなければ売買を行うことはできません。

　仮想売買で結果が良くても実際にトレードができずに眺めているだけになってしまうからです。ですから仮想売買を行う時点で、本当に投資資金を用意していただきたいのです。

　そうすることにより実際の売買と似た環境にすることが可能となります。

　では、投資資金を用意したらどうするか。

　ここでは1000通貨で行う場合を例にして説明します。

●まず手元の資金を机の上に並べて半分に分けてください

　計算上56,640円が必要ですが、ここは余裕を見て10万円で始める場合を例にしますね。

　10万円の資金で始める方は右に5万円、左に5万円を並べてください。

　この時、5万円は千円札50枚ではなく千円札48枚、500円玉2枚、100円玉10枚にしてください。

　このお金は実際に用意して本当に自分の目の前に置いてくださいね。これはとっても重要な作業です。これをやるとやらないとでは仮想売買の成果に大きな差が生まれますし、その後の実際のトレードに影響します。

　さあ、仮想売買の始まりです。

　右側はあなたが売買するために必要な資金5万円です。

　左側は親（ディーラー）の資金5万円です。

　本やWEBで勉強をした相場の原理原則に則り、エントリーチャンスがやって来ました。

　仮にドル円を115.50円で買ったとします。

　エントリーする際には実際に声を出して「115円50銭で4000通貨買い」と言

ってください。もちろん、実際買える金額だということをリアルタイムの動きで確認してください。

　約定後は分割売買をスタートさせます。

　仮に115.70円で利食いを考えていた場合には115.70円のsell気配が消えた時点で「115.70円利食い約定1000通貨」と声に出してください。

　頭の中で思うだけでなく必ず声に出すことが大切です。

　頭の中で考えたことはすぐに変更してしまうことができます。

　しかし、声に出すと変更することは難しくなります。

　「115.70円利食い約定1000通貨」と声に出したらすぐにFX絵日記に記入をしてください。

　115.50円で買って115.70円で利食いをしたのですから20pipsのプラスになります。実際の金額では200円の利益です。

　ここで先程分けたお金の登場です。

　左側はディーラーのお金でした。

　右側はあなたのお金でした。

　200円の利益になりましたのでディーラーの5万円の中から200円を右側のあなたの資金に移します。

　115.70円を付けた後、思惑どおりに動かずに115.50円に戻ったとします。

　ここはファールで逃げておいたほうがいいと考え実行する場合には「115.50円1000通貨返済約定」と声に出してください。

　115.50円で買って115.50円で返済ですから資金の移動はありません。

　残りは2000通貨です。

　1000通貨は115.30円で返済したとすれば「115.30円1000通貨返済約定」と声に出します。

　115.50円で買って115.30円で返済ですから20pipsの損失となります。

　実際の金額では200円の損失です。

　右側のあなたの資金から200円をディーラーの資金に移動させてください。

　残りの1000通貨が116.00円で返済できたとすれば、50pipsのプラスとなり

右側の資金から左側の資金に500円を移動させます。
　このように実際にお金を移動させて仮想売買を行います。
　そしてこの仮想売買はどちらかの資金がなくなるまで続けてください。
　仮に右側のあなたの資金がすべてなくなりディーラーの資金が5万円になったとします。
　その場合はどうするか。
　あなたの売買は利益になる売買ではないということが証明されましたので実際に自分のお金を使って売買をしてはいけません。
　もう一度勉強をしっかりとして再度、仮想売買を行います。

　ここからは重要です。**失ったはずの5万円の使い道**です。
　より実際の環境に近づけるためには、**失ったはずの5万円は配偶者や恋人にプレゼント**してあげてください。配偶者や恋人がいなければ家族にプレゼントしてください。
　実際に証券会社に入金をして売買をしていれば単に失うだけのお金です。恋人にプレゼントすれば恋人も喜ぶし、自分のためにもなります。
　そして再度、仮想売買をするための資金を追加で用意してください。

　めでたく左側のディーラーの資金がすべてなくなったとしましょう。
　その場合には、証券会社の口座に10万円を入金し売買のスタートです。
　10万円の資金が順調に15万円まで増えたら、ここで5万円を出金して配偶者や恋人にプレゼントしてあげてください。
　このプレゼントは失ったはずの5万円ではなく、自分の実力で得た5万円です。自分の仕事の成果として得た5万円です。汗水たらしてマウスをクリックして得た5万円です（笑）。
　そうすることにより奥さん、旦那さん、または恋人はとても喜びます。
　また自分の自信にもつながるのです。
　これが私のおすすめする仮想売買の方法です。

☆カウンターアタックインパルスシステム

　今まで裁量トレードについてお話してきましたが、ここではひとつのシステムトレードをご紹介します。
　それは「カウンターアタックインパルスシステム」と言います。

インパルス　＝　衝撃電流・非常に強い電流

カウンターアタック　＝　逆襲

　衝撃電流が起きた時に逆襲をするというシステムです。
　非常に強い電流というのを為替価格にあてはめると、非常に短い時間に強い動きをするということになります。
　次の図57をご覧ください。

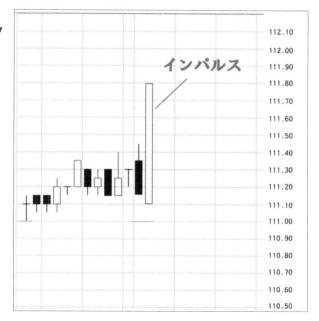

図57

為替価格が左端から横ばいで推移していますが、いきなり上昇しました。

それまでは30pips程度の値幅で推移していた価格が陽線1本で70pipsもの上昇をしました。

通常の値動きから見ると非常に強い動きです。衝撃的な動きです。つまり、この大陽線のことを「インパルス」と呼びます。

次の図58をご覧ください。

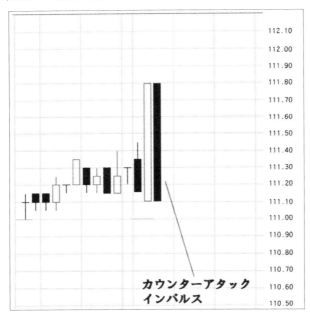

図58

大陽線の次の足で大陽線を否定する大陰線が出ました。

70pipsの上昇に対して70pipsの下落をして陽線を否定しました。

インパルスを否定する動きです。インパルスに対して逆襲が起きたのです。

この大陰線を「カウンターアタック」と言います。

急激に70pipsもの上昇をしたということは、今後上昇するであろうと考えたトレーダーが多くいたということです。しかし、その上昇を否定したということは大陽線で買っているトレーダーはすべて含み損を抱えていることになります。

ここからさらに下落すると含み損が拡大することになりますので大きな恐怖

心を抱えています。

　この恐怖心を利用するのが「カウンターアタックインパルスシステム」です。次の図59をご覧ください。

図59

　70pipsの上昇をした大陽線を否定した70pips逆行の価格で売りエントリーをします。111.10円で売るということになります。

　そして、利食い目標は上昇幅と同じにします。今回の場合ですと70pipsの上昇をしていますのでエントリーから70pips下である110.40円を利食い目標価格にします。

　ロスカットは大陽線の高値を超えた時点になります。今回の場合ですと、高値が111.80円ですから111.81円になるとロスカットということになります。

　次ページの図60をご覧ください。

図60

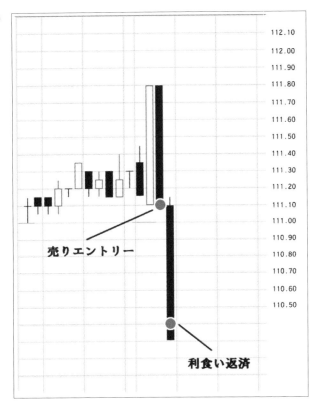

「カウンターアタックインパルスシステム」がうまく機能するとこのように大陽線を否定した後、すぐの足で利食い価格に到達します。1本で利食い価格にならなくてもその後の足で利食いできることが多くあります。

もし、エントリー後、なかなか利食い価格に届かない場合は適当な場所で利食いをすることになります。

このような動きが出やすい時があります。

2014年の例で言うと、毎月発表になる「米雇用統計」の発表日です。

雇用統計発表時刻になると為替価格は乱高下することが多くあります。この乱高下する際にインパルスが発生しやすいのです。

雇用統計発表時以外にも為替においては急激な動きをすることが結構多くあ

りますので、「カウンターアタックインパルスシステム」を有効に使ってみてください ね。参考に多くの「カウンターアタックインパルスシステム」が使えるチャートが出た日をご紹介します。

図61をご覧ください。

図61

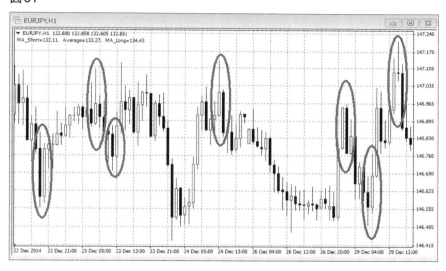

丸で囲った部分が7カ所もあります。多くの丸でのエントリーが利食いになっているように見えますね。

このチャートは2014年12月22日から30日までのユーロ円の1時間足です。

☆壁にあたった時は

　トレードをやっているとうまくいくときもあればなぜか不調が続くときもあります。今までの自分の手法が通じないのではないか。どうすればいいのだろうと悩むこともあります。
　まるで大きな壁が目の前に立ちふさがっているように感じます。
　私たちは仕事をしていて大きな障害があったときに「壁にぶつかった」という表現を使います。
　今まではうまくいっていたのに急にそれ以上前に進めなくなった状態をこのように言います。

　そして悩み苦しみます。

　こんな壁なんて現れなければいいのにと思います。
　多くの人は壁にぶつかると前に進む方法は、その壁を突き破るか、乗り越えるしかないと思ってしまいます。
　しかし本当に壁は現れないほうがよいのでしょうか。
　壁というのは悪いものではないと思うんです。壁が現れるのは当然のことであり、ぶつからないほうが問題なのではないでしょうか。私たちは完璧ではありませんからできないことがあって当たり前なのです。
　壁に当たるのは当たり前のことなのですね。
　壁にあたったことがないなどという人がたまにいますが、このような人は物事に真剣に取り組んだことがない人なのでしょう。
　壁の存在を認識したことのない苦労知らずのあまちゃんなのではないでしょうか。
　壁は私たちの人生にとって成長するために必要なものなのです。
　よく世の中の人たちは「自分の人生において乗り越えられない壁なんてない。努力し続ければ必ず越えられる」と言います。

本当にそうなんでしょうか？

巨大な壁を前にして努力をし続けるなんて辛くて苦しいだけではありませんか。トレードをやっていて壁が現れたときにもがき苦しみ必死になって壁を越えようと努力している人がいるとしたら、今すぐにその努力をやめることをおすすめします。

巨大な壁は乗り越えようとすればするほど高くなるものです。

たやすく乗り越えられないからこそ壁なのです。

壁にぶつかったらその壁と遊ぶ感覚を持つことです。

壁に落書きをしたり、穴を開けて遊んだりしてみるといいでしょう。

そうするうちに壁は自分を阻むものではなく自分と一体化してくる感覚が芽生えます。まるで壁の中にす〜っと入っていくような感覚になってくるのです。

このように楽しんでいるうちにいつの間にか壁が低くなってきて簡単に越えられるようになります。乗り越えるというよりも通り抜けてしまうという感覚になります。

トレードをやってどうしても勝てないという時期が訪れたら、チャートを必死になって分析するのではなく、チャートと遊ぶ感覚を持ってください。いろいろな角度からチャートを眺めてください。印刷して逆さにしてみる。斜めにしてみる。自分が逆立ちをしてパソコンの画面を見るのもいいでしょう。

そうするとこのチャートの形はおもしろいな。こんなチャートは見たことないな。過去に見たことのないチャートなんだから、どのような動きになるのかなんてわかる訳ないよな。

見たことのないチャートの形なんだけど違う時間軸のチャートで見ると支持抵抗がはっきりとわかるじゃないか。

分割売買の利食い幅を変更すれば利益につながるチャートじゃないか、などと感じるようになってきます。

壁を乗り越えようとはしないでください。

壁と楽しく遊ぶ感覚を身につけてくださいね。

☆人生ゲーム

　人生ゲームというボードゲームをご存知でしょうか。
　多くの方が知っていると思います。
　うちの次男は人生ゲームが大好きで幼稚園のころからハマっているのです。時間があればすぐに「人生ゲームやろう」って言うんです。やっていると人生山あり谷ありで喜んだり悲しんだりと興奮してゲームを進めることができます。
　人生ゲームでは職業の選択という分かれ道があるのです。ここで自分の職業を選び、職業によって自動的に給与も決まります。人生ゲームではルーレットを回すことによって職業が自動的に決まります。ある意味、運によって決まるということになります。
　現実の世界ではどうでしょう。
　ルーレットを回して職業を選択することはありません。自分の意志によって職業を決めるのですね。中には生まれた時から親の家業を継ぐと決められている方もいらっしゃるかもしれません。
　しかし、今の時代自分の意思で家業を継ぐかどうかも決められると思います。サラリーマンを選択するのも自分で商売をすることを選択するのも自由です。
　職業を選ぶ際には自分の性格や特質を見極めて選ぶのがいいのですが、普通はそんなこと考えもせずに職業を決めてしまいます。
　子供のころから勉強のできる人は良い高校に行き、良い大学に行き、大きな会社に入ることを考えます。自分で商売をする人の中には好きなものをやり続けることにより商売になった人もいます。最初に働いた職業をやり続け、そこから独立して自分で商売をする人もいます。
　自分で選択した職業で利益を得るためにはその仕事をするための教育を受けなければならないこともあります。
　才覚が必要な職業もあります。
　多くの職業では、その職業においてトップクラスに近いスキルと、評判を手に入れることができればどんな職業を選択してもお金持ちになることができます。

みなさんはどんな職業を選択したのでしょうか。
そしてこの本を読んでいるみなさんは新しい職業選択をする時期にいます。
そうです。トレードは職業です。仕事です。
相場という職業を選択するためにトレードの勉強をしているのです。
人生というのは何歳になっても新しいことを始めることができます。
40代になってから定時制高校に行き直し勉強をする人もいます。
60代になってから独立する人もいます。
医者だったのにラーメン屋さんになった人もいます。
東大を出てプロ雀士になった人もいます。
何歳になっても本人が本気で始めるのであれば何でもすることができます。

　私の知っている限りでは、お金持ちになった人で計画どおりの人生を送ってきた人というのはほとんどいません。
　多くのお金持ちの人が最初に考えた方向とは全然違う職業に出会い、そこで自分の才能らしきものを見出して成功のチャンスをつかんでいます。
　私も最初から相場で食っていこうと考えていたのではありません。最初はバイク屋で働いていました。その後自分で事業を行いました。ふとしたとこで相場と出会い、相場の楽しさを知り、相場の魅力にはまっていき職業としました。
　そしてある日、相場の神様が大切な仲間と出会わせてくれ、相場塾という相場を教えさせていただく会社を設立し、こうして本を書いています。
　あなたも相場という職業を選択したのであれば、本気で勉強をしてチャンスをつかんでくださいね。
　相場という職業を楽しんでください。
　その先には、「幸せなお金持ち」の世界が待っていますから。

　いつの日か、多くのみなさんと「幸せなお金持ちのオフ会」でお会いできることを楽しみにしています。

☆おわりに☆

　人生は人との出会いと本との出会いで変わると言われています。
　それは、良い方向に変わる場合もあれば、悪い方向に変わることもあります。
　私は多くの人との出会い、多くの本との出会いにより、人生が良い方向に変わってきました。
　良い人との出会いは良い人生に変わります。良い本との出会いは良い人生に変わります。
　では、良い人とはどんな人なのでしょう。一般的に良い人とは温和な人、優しい人、頼もしい人などがそうでしょう。
　不平不満を言う人、人の悪口ばかりを言う人、意地の悪い人などは良い人ではなく悪い人と呼ばれています。
　しかし、反面教師という言葉があります。
　人との出会いが人生を変えるというのは、出会った人からどんなことでもいいから学ぶことができた時に変われるということだと私は思っています。
　どんな人からでも自分の人生にプラスになることを学ぶことができれば、自分の人生は良い方向へと変わっていくのだと思います。
　本との出会いも同じだと思います。
　一般的に良い本と呼ばれている本が良い本なのではなく、どんな本でもその本の中から一つでも自分に役立つことがあれば良い本なのだと思っています。
　この本の中には、今まで私がやってきたトレードの考え方や方法をできる限り多く書いてあります。
　その中からひとつでもあなたの役に立つことがあれば私は嬉しく思います。
　そして、あなたの笑顔を見ることができればさらに嬉しくなります。

　この本にはトレードの考え方や方法も書いてありますが、人生を楽しく豊かに生きる方法や考え方も書いています。
　私は、相場も人生も同じようなものだと思っています。

人生がうまくいかない人は相場もうまくいきません。人生を楽しめない人は相場も楽しむことができないと思っています。
「どうせなら人生も楽しんで相場も楽しみたいな」
　私はいつもそんなふうに思っています。
　この本の中からひとつでも、あなたの人生を楽しむことができるヒントが見つかると嬉しいです。
　最後までお読みいただき有り難うございます。

　本書の中に、もっと多くの幸せなお金持ちになる考え方や生き方を載せたかったのですが、紙面に限りがあるために載せることができませんでした。
　幸せなお金持ちという生き方に興味のある方は、ぜひ私のブログを訪れてみてください。
　ブログアドレスは下記になります。

　　http://tuiterusennin.blog109.fc2.com/

　アドレスを入力されなくても、Googleやyahoo等の検索エンジンで「ついてる仙人」と入力していただくと、一番上に私のブログが出てきます。

　また、私の運営している株式会社DREAM-CATCHERでは、FXをはじめとした相場の楽しさを知っていただき、相場で生計を立てていけるようになっていただくために相場塾を開講しています。
　相場塾の会員さんから「相場が楽しくなった」とか「相場で得た利益で両親にプレゼントすることができた」等の報告をいただくと、私たち相場塾の講師も嬉しくなります。
　人間という生き物は人の喜びを自分の喜びと感じることのできる生き物です。
　自分の与えたもので人が喜ぶと最高の幸せを感じることができるのです。
　私たちは一人でも多くの投資家の方に喜んでいただきたいと思っています。

この本には、相場塾のノウハウも載せさせていただきました。ご協力いただいた、白石さん、福田さん、守下さんに感謝いたします。
　ただ、本書では私たちのノウハウをすべてお伝えすることはできていません。
　ご興味のある方は、株式会社DREAM-CATCHERのホームページをご覧ください。
　本書の特典も下記サイトよりお申込みいただけます。

　　　http://nk225.info/

　私たち、相場塾の講師は全員が「幸せなお金持ち」です。
　ぜひ、私たちと一緒に「幸せなお金持ち」への道を歩いて行きましょう。

　　　　　　　　　　　　　　　　　　　　ついてる仙人（金子　稔）

著者略歴

ついてる仙人

個人投資家から絶大な支持を得る「相場塾」を主宰。ブログで日経225先物の売買記録を随時公表するとともに、今後の株価の動きの予測やその日の売買のタイミングなどを情報発信し、好評を得ている。テクニカル分析に定評がある。著書に『株・日経225先物 勝利のチャート方程式・増補改訂版』、『日経225先物 ストレスフリーデイトレ勝利の方程式・増補改訂版』『幸せなお金持ちになるための 株・日経225先物 儲ける「勝脳」の鍛え方』『幸せなお金持ちになるための 日経225先物 必勝トレード術』(アールズ出版)がある。

金子 稔

法政大学卒業後、大好きなバイクと過ごしたくてバイク屋に就職する。
28歳　独立し逆輸入車および中古車販売で業績を伸ばす。
38歳　難病の天疱瘡を患う
40歳　悪性リンパ腫を患い余命半年を告知される。
42歳　事業を譲りセミリタイア
44歳　スローライフを求め長野県に移住
　　　株式会社DREAM-CATCHERで相場塾を開講
　　　今に至る

幸せなお金持ちになるための
FXストレスフリートレード術

2015年5月31日　初版第1刷発行

著　者　ついてる仙人

装　幀　中山銀士＋杉山健慈

発行者　森　弘毅

発行所　株式会社 アールズ出版
　　　　東京都文京区本郷1-33-6 ヘミニスⅡビル 〒113-0033
　　　　TEL 03-5805-1781　　FAX 03-5805-1780
　　　　http://www.rs-shuppan.co.jp

印刷・製本　中央精版印刷株式会社

©Tsuiteru Sennin, 2015, Printed in Japan
ISBN978-4-86204-275-0 C0033

乱丁・落丁本は、ご面倒ですが小社営業部宛お送り下さい。送料小社負担にてお取替えいたします。